창세기에서 복음의 삶으로

정구철 지음

도서출판 위즈덤플

책을 펼치며

"창세기 말씀이 아주 오래전 실제 있었던 사실로 믿어지나요?"

"성경말씀이 하나님 말씀임을 의심 없이 믿어지나요?"

"예수님이 누구이며, 그리스도가 누구인지 정확히 깨닫고 있나요?"

"거듭난 크리스천 인가요?"

"예수 그리스도를 믿어 삶이 바뀌고 가치관이 바뀌었나요?"

"그리스도의 영이신 '성령님'이 늘 함께 하심을 믿나요?"

"성경말씀을 늘 사모하고 성경말씀을 전하고 싶은 열정이 가득한가요"

"예수 그리스도를 믿음으로 기름부음 받은 자(그리스도)의 권세를 믿고, 그 권세를 행하며 살고 있나요?"

"하나님의 사람이라고 담대히 고백할 수 있나요?"

"예수 그리스도의 속한 사람인가요?"

앞의 열 가지 질문에 "아멘"으로 답하신 분과, 단 한 가지 질문이라도 대답하는데 확신이 없다면 꼭 이 책을 펼치기 바랍니다.

진리란 무엇입니까? 시간이 흐르고, 지식이 발달하고, 사회적 문화적 환경이 바뀌어도 변하지 않는 것입니다. 때로는 변함없이 영원할 것 같은 것조차도 시간이 지남에 따라 혼돈과 공허함에 빠지며, 더욱이 불확실한 미래에 대한 두려움과 불안으로 인해 사람들이 생각하는 옳고 그름의 기준도 변해가고 있는 현실입니다. 이러한 현실 속에 사람들은 자신의 육체적 욕망, 안목의 정욕, 이생의 자랑을 위한 필요를 끊임없이 추구하고 있습니다. 마치 진리로 포장된 듯한 보암직도 하고, 먹음직도 하고, 지혜롭게 할 만큼 탐스럽기도 한 것들을 열심히 쫓는 삶을 능력 있고 똑똑한 삶이라 말하는 시대에 살고 있음을 부인 할 수 없습니다. 진리는 뭐뭐처럼 보이는 것이 아닙니다.

진리는 "보기에 심히 좋은 것"을 말합니다. 겉모습만 보기 좋은 게 아니라, 생명을 부여받은 피조물이 살아가는데 가장 좋은 것으로 가득차 있으며, 변하지 않는 것을 말합니다. 이 책은 참된 진리의 뿌리를 찾아 보기에 심히 좋은 환경은 무엇이고?, 생명이 없는 존재에서 생명의 호흡이 있는 존재로 어떻게 지음 받았으며?, 그 생명의 근원과 터전은 어디에서 시작됐는지? 에 대한 신비의 매듭을 풀어주는 길잡이 역할을 할 것입니다. 신비의 매듭이 풀어질 때 보기에 심히 좋도록 만드신 분을 만나게 됩니다. 그 분을 소개하는 책이 있습니다. 바로 성경입니다. 약 1600여 년간 40여명의 사람을 통하여 하나님의 감동으로 쓰여진 책이며, 단 한 번도 변하지 않고 오직 한 분을 소개하고 있습니다. 바로 야훼(יהוה, YaHWeH)하나님이신 예수 그리스도입니다.

저는 한 가지 간절한 소망이 있다면 성경말씀을 다 외우는 것입니다. 성경을 교양과 지식으로 알고자함이 아니라, 앞으로 이 땅에서 성경을 들고 다닐 수 없는 시대가 곧 올수 있다는 두려움 때문입니다. 이 책은 읽는 모든 분들에게 신비의 매듭이 풀려 야훼 하나님 말씀인 성경으로 돌아가는 초대장이 되길 간절히 바랍니다.

이 책은 신학적인 이론이나 혹은 목회자나 유명한 신학자들의 신학적 논리와 주관적인 인생철학과 경험을 기록한 책이 아닙니다. 가장 평범한 사람이 육신과 마음의 고통 속에서 예수 그리스도와 인격적인 만남을 통하여 성경말씀이 생명이며 진리이며 꼭 움켜줘야 하는 회복과 소망의 열쇠임을 구약성경과 신약성경의 말씀만을 근거로 1, 2, 3부로 구성하여 저술하였습니다.

제 1 부: 창세기를 믿고 복음을 품다

하나님의 창조 역사가 어떻게 시작되었고, 하나님의 전지전능하신 사역들이 어떻게 입에서 입으로 전해졌는지 아담부터 아브라함까지 족보를 통해 살펴보았습니다. 살아 숨 쉬는 그들의 영적 기록인 창세기의 말씀을 되새기며, 혼돈의 시대를 살아가는 그리스도인으로서 가져야 할 복음의 실체와 의미, 그 증거들을 발견하고자 하였습니다.

제 2 부: 그리스도의 복음

창세기 말씀은 기록으로만 전달되는 '까마득히 먼 옛날 이야기"가 아닙니다. 현대를 살아가는 우리의 삶에 관한 리얼스토리입니다. 사람의 본질이 무엇이며, 생명의 근원은 어디에 있고, 하나님과 분리된 삶이 무엇이며, 죄는 어떻게 시작되었고, 죄의 결과가 무엇인지를 살펴보았습니다. 그리고 하나님의 창조의 회복을 위해 예수 그리스도가 이 땅에 오신 이유, 예수 그리스도를 통하여 참 평안과 자유케 되는 그리스도의 신비가 무엇이며, 물질만능주의를 살아가는 사람들에게 참된 사랑과 만족 그리고 진정한 부(富)의 열쇠가 예수 그리스도를 아는 지혜인 그리스도의 복음을 품는 것에 있음을 증거 하고자 하였습니다.

제 3 부: 그리스도의 복음을 품은 사람들의 삶

오늘날 그리스도인은 삶의 분주함 속에서 성경 말씀을 묵상할 기회마저 상실한 채 살아가고 있습니다. 그리스도인의 삶은 성경 그 자체입니다. 늘 곁에 두고 음미하면서 생생하게 살아 움직이는 하나님의 섭리를 가슴으로 깨달을 수 있어야 합니다.

더 나아가 크리스천들이 예수 십자가 구원의 진정한 의미와 거듭난 크리스천으로서의 삶이 단순히 구원 받은 자의 막연한 고백이 아니라, 거듭난 크리스천들에게 주어진 기름부음 받은 그리스도의 권세 받은 자로서 그리스도의 옷 입고 왕 같은 권세와 선지로서의 권세 그리고 대제사장과 같은 권세로 살아가는 삶의 의미를 확고히 재조명하고자 하였습니다.

히브리어 자음 알파벳

숫자값	고대 히브리어	현대 히브리어	소리	뜻/의미	발음
1	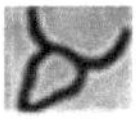	א	Alef(알렙)	황소, 지도자, 머리	ʼ
2		ב	Beit(베이트)	집, 가족	B
3		ג	Gimel(기멜)	낙타, 들어올리다	G
4		ד	Dalet(달렛)	문, 길, 들어가다	D
5		ה	Hey(헤이)	보라, 드러내다	H
6		ו	Vav(바브)	못, 갈고리	V,W
7		ז	Zayin(자인)	무기, 자르다	Z
8		ח	Chet(헤트)	울타리, 담	Ch
9		ט	Tet(테트)	뱀, 지혜, 둘러싸다	T
10		י	Yood(요드)	손, 일하다	Y
20		כ/ך	Kaf(카프)	손바닥, 덮다	K
30		ל	Lamed(라메드)	지팡이, 권위	L

숫자 값	고대 히브리어	현대 히브리어	소리	뜻/의미	발음
40	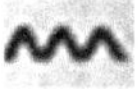	מ/ם	Mem(멤)	물, 혼돈	M
50	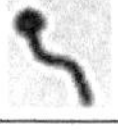	נ/ן	Noon(눈)	물고기, 생명	N
60		ס	Samech(싸멕)	버팀목, 지지하다	S
70		ע	Ayin(아인)	눈,보다, 알다	′
80		פ/ף	Pe(페)	입, 말하다	P
90		צ/ץ	TSade(차데)	낚시바늘, 수확하다, 갈망하다	Ts
100	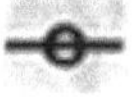	ק	Kof(코프)	뒤통수, 마지막	Q,K
200		ר	Resh(레쉬)	머리, 최고	R
300		שׂ,שׁ	Sin(신),Shin(쉰)	이빨, 부수다	S,Sh
400		ת	Tav(타브)	표시,십자가,싸인	T

차 례

1 부 창세기를 믿고 복음을 품다

2 부 예수 그리스도의 복음

3 부 그리스도의 복음을 품은 사람들의 삶

1 부

창세기를 믿고 복음을 품다

하나님의 창조 역사가 어떻게 시작되었고, 하나님의 전지전능하신 사역들이 어떻게 입에서 입으로 전해졌는지 아담부터 아브라함까지 족보를 통해 살펴보았습니다. 살아 숨 쉬는 그들의 영적 기록인 창세기의 말씀을 되새기며, 혼돈의 시대를 살아가는 그리스도인으로서 가져야 할 복음의 실체와 의미, 그 증거들을 발견하고자 하였습니다.

2

"말씀이 육신이 되어 우리 가운데 거하시매 우리가 그의 영광을 보니 아버지의 독생자의 영광이요 은혜와 진리가 충만하더라."(요 1:14)[1)]

1) 개역개정, http://www.holybible.or.kr/

1 장 아담의 가족계보

.

.

.

"태초에 하나님이 천지를 창조하시니라. 하나님이 이르시되 빛이 있으라 하시니 빛이 있었고..... 하나님의 형상대로 사람을 창조하시되... 여자가 그 열매를 따먹고 자기와 함께 있는 남편에게도 주매 그도 먹은지라..... 아담은 셋을 낳은 후... 930세를 향수하고 죽었더라..."(창 1장 ~ 5장)

위 성경구절은 창세기에 나오는 천지창조의 시작과 죄의 시작 그리고 인류의 첫 사람인 아담과 믿음의 조상들이 수백 년을 살고 죽었다는 내용이 창세기 1장부터 5장에 기록되어 있습니다.

한 가지 질문하겠습니다. 모세 오경의 첫 번째 책인 창세기가 문자 그대로 믿어지십니까? 크리스천이기 때문에 마음속 깊이 와 닿지 않지만 성경을 지식으로 알고 있어야하는 생각으로 읽고 있는지요? 때로는 하나님의 기적이 나타나는 부분을 읽을 때 하나님의 전능하고 위대한 기적이 나에게도 일어났으면 하는 마음으로 말씀에 푹 빠질 때도 있을 것이며, 삶이 힘들 때 무작정 성경을 펼친 부분이 나에게 해주는 말씀으로 들릴 때 눈물을 흘렸을 때도 있을 것입니다. 그런데 우리들의 매일 삶속에서 하나님의 말씀인 성경을 얼마나 사모하고 있는지요? 말씀이 달고 오묘해서 읽고 싶다는 생각을 얼마나 자주 하게 되는지요? 짐작컨대 삶의 형편과 상황이 말씀을 읽을 수 있도록 마음에 여유를 허락하지 않을 때가 많을 것입니다.

만약 성경 말씀이 축복의 근원이며 생명의 근원인 동시에 금은 보화가 숨겨져 있는 밭이라면 어떻게 하겠습니까? 어떻게 해서든 꼭 붙들어야 합니다. 절대 놓치면 안 됩니다. 성경은 생명의 근원을 찾아가는 열쇠이며 죽어가는 육신과 마음을 살리며 좌절하고 절망한 사람들을 일으켜 세우며 희망을 보여주는 살아있는 인격체라는 말씀이 요한일서 1장 1절에 기록되어 있습니다.

"태초에 말씀이 계시니라 이 말씀이 하나님과 함께 계셨으니 이 말씀은 곧 하나님이시니라."(요일 1:1)

저는 가끔씩 신앙생활을 하는 분들로부터 이런 말을 들을 때가 있습니다. "물론 믿음도 좋고 성경을 읽는 것도 좋지만 열심히 노력하고 여러 사람을 만나면서 열심히 일하는 사람을 하나님도 도와주지 열심히 신앙생활하고 성경만 읽는다고 성경이 밥 먹여 줍니까? 이런 질문을 받으면 뭐라 대답하시겠습니까? 성경이 밥 먹여 줍니까? 예, 성경이 밥 먹여 줍니다. 가장 사랑하는 사람을 만나는 마음으로 그 말씀 안으로 들어가며 말씀이 우리 삶의 가장 으뜸이며 중심에 자리 잡으면 하나님이 밥

만 먹여주는 것이 아니라 우리들의 심령을 다시 살리고 무너졌던 소망까지도 다시 일으켜 세워주십니다.

이런 하나님의 말씀인 성경이 어떻게 우리들에게 전해 내려왔는지 창세기 아담부터 노아까지 10대손, 노아부터 아브라함까지 10대손, 믿음의 조상들이 살아온 햇수와 그 분들의 삶을 묵상하면서 성경이 입으로 구전되어온 진리이고 모든 게 사실이었구나! 라는 감동이 우리들 마음 중심에서 믿어지기 바랍니다. 그리고 성경 말씀들이 진리요 감추어진 보배를 찾는 것 같은 기쁨의 생명이라는 것을 마음으로 믿어 입술로 시인하며 살아가는 생명의 호흡임을 깨닫게 될 것입니다. 말씀에 대한 믿음이 우리들의 마음속에 임 할 때 성경이 꿀같이 달고 성경을 읽을 때 글을 읽는 게 아니라 하나님의 행하신 일들과 기적들을 체험하며 우리들의 삶에서도 놀라운 하나님의 전지전능하심을 경험하게 될 것입니다. 성경을 읽으면서 하나님을 찾고 그 하나님이 바로 예수 그리스도라는 말씀의 비밀(mystery) 임을 찾기 바랍니다.

"은을 구하는 것 같이 그것을 구하며 감추어진 보배를 찾는 것 같이 그것을 찾으면 여호와 경외하기를 깨달으며 하나님을 알게 되리니."(잠 2:4-5)

1-1 창세기 때와 오늘날의 동일한 시간 개념의 증거

히브리력(Hebrew Calendar) 혹은 유대력(Jewish Calendar)의 시작은 하나님이 천지를 창조하신 날부터 시작합니다. 유대인들은 천지창조가 주전 3760년으로 계산했기 때문에 국제적으로 통용되는 양력에 3760년을 더하면 유대력으로 바뀌게 됩니다. 예를 들어 2020년을 유대력으로 바꾸려면 3760년을 더하여 5780년이 됩니다. 성경에 나오는 나이와 연수를 계산해 보면 대략, 아담부터 아브라함까지 약 2000년, 아브라함부터 예수님 탄생까지 약 2000년 그리고 예수님부터 오늘까지 약 2000년으로 계산하여 인류의 역사를 대략 6000년 이라고 말하는 근거이기도 합니다.

유대력은 1년의 계절의 주기는 태양력을 따르지만 월과 일은 음력을 따르다보니 해마다 음력 12달로는 모자라서 19 년을 주기로 일곱 번의 아달 알레프(아달월 1)를 아달 베이트(아달월 2)앞에 끼워 넣는데, 3, 6, 8, 11, 14, 17, 19번 해에 윤달이 되어 30일이 더 늘어나 윤달이 있는 해에는 383 ~ 385일이 되고, 달의 주기를 따라 한 달이 29일 또는 30일이 되기 때문에 1년이 353일 354 혹은 355일이 됩니다[2].

또한 창세기 때 하루의 시간개념은 유대인의 시간개념과 동

---

2) 히브리력, 위키백과 https://ko.wikipedia.org, 2020년 11월 17일

일하기도 합니다. 해가지면서 하루가 시작하여 그 다음날 해가 질 때를 하루 24시간으로 계산합니다. 창세기 1장 5절 말씀에 근거하여 "빛을 낮이라 칭하시며 어두움을 밤이라 칭하니라 저녁이 되며 아침이 되니 이는 첫째 날이니라"이러한 말씀의 근거와 유대력의 계산법을 근거로 창세기 때 아담과 그의 가족들이 900살이 넘도록 살았다는 말은 문자적으로 사실이며 오늘날 태양력으로 계산했을 때 900년이라는 시간과 동일하다고 증명할 수 있습니다.

창세기 때 하루, 한 달, 일 년이 오늘날과 동일하다는 증거

아담부터 노아까지 10대에 걸친 믿음의 조상들의 수명은 900살이 훨씬 넘도록 살았다는 기록이 성경에 있습니다. 많은 크리스천들의 의문중의 하나가 어떻게 사람이 900살 이상을 살 수 있을까? 라는 질문입니다. 일부 크리스천들과 성경에 관심을 갖고 있는 사람들이 제시하는 답변들 중에는 창세기 시대 때 1년을 계산하는 방법이 오늘날의 365일의 개념이 아니고, 신화적 해석법[3] 혹은 10진법에 의해 1년이 10년과 같다고 주장하는 의견들을 쉽게 찾아 볼 수 있습니다. 만약 10년을 1년으로 계산하는 십진법에 의해 나이가 계산되었다면 아담의 4대

3) 위키백과, "신화: 신화는 비실제적 사실과 인물이지만 민중 생활을 반영한다는 점에 가치를 둔다" https://ko.wikipedia.org/wiki

후손인 게난은 4살 때 마할랄렐을 낳았다는 말이 됩니다. 상식적으로도 생리학적으로 불가능한 이론입니다.

그러나 창세기 노아의 홍수 이전과 이후의 시간 계산법과 21세기 오늘을 살아가는 시간 계산법이 같다는 증거는 성경 여러 곳에서 찾아볼 수 있습니다. 그 하나의 증거로 창세기 7장 11절부터 8장 16절에 하루, 한 달, 1년을 계산한 방식이 오늘날과 똑 같은 24시간, 7일, 30일이었다는 사실을 알 수 있습니다. 7장 11절에 노아가 600세 되던 해 둘째 달 17일에 땅속 깊은 곳에서 큰 샘들이 터지고, 하늘의 창문들이 열려 사십일 밤낮으로 비가 땅에 쏟아졌으며, 물이 150일 동안 땅에 넘쳤다고 기록되어 있습니다. 1달을 30일로 계산하면 5개월 동안 물이 땅에 넘쳐있었습니다. 즉 둘째 달 17일에 5개월을 더하면 대략 일곱째 달 17일이 됩니다.

둘째 달 17일 + 150일(30일 x 5 개월) = 일곱째 달 17일

150일 후에 물이 줄어들기 시작하여 일곱째 달 17일에 아라랏 산에 머물게 되는데, 오늘날의 날짜 계산법으로 계산했을 때 같은 날짜 기록이 창세기 8장 4절에 기록되어 있습니다.

> "일곱째 달 곧 그 달 열이렛(17)날에 방주가 아라랏 산에 머물렀으며."(창8:4)

그리고 노아가 601세 되는 해 첫째 달 초하루에 땅위에서 물이 걷히게 되고 둘째 달 27일에 땅이 완전히 마르게 되어 노아의 가족들과 모든 가축들이 방주에서 나오게 됩니다. 유대력을 기초하여 대략 1달을 30일로 계산할 경우 1년이 360일이 됩니다. 홍수가 시작한 날로부터 땅이 마르기까지 노아가족들과 가축들이 방주에서 생활했던 날짜는 377일이 되는 셈입니다. 즉 노아시대에도 1년은 지금의 대략 360일이었다는 증거가 성경에 기록되어 있습니다.

다음 표 1-1은 홍수 시작부터 노아의 가족과 모든 짐승들이 방주 안으로 들어가고 방주에서 나온 날짜를 창세기 7장부터 8장의 기록에 따라 계산한 표입니다. 표 1에서 보여주듯이 홍수 시작 7일전, 노아가 600세 둘째 달 10일에 방주에 들어갔고, 601세 둘째 달 27일에 방주에서 나오기까지 계산해 보면 377일을 방주 안에서 머문 날짜가 성경에 기록 되어있습니다. 노아 600세에서 601세가 되는 날이 1년, 즉 360일이었다는 근거를 제시해주는 성경구절입니다. 이 결과를 근거로 아담부터 아브라함까지의 나이를 문자 그대로 받아들이는 것이 올바른 해석임을 충분히 설명하고 있습니다.

표 1-1 노아 나이를 기준으로 계산된 방주에 머문 날짜(창:7:11 – 8:16)

노아 나이로 계산된 방주에 머문 날짜	방주 안에서 생활한 누적기간	홍수 기간 동안의 주요사건
600세 둘째 달 10일 ⇩(7일)	홍수 7일전	노아가족과 모든 짐승들이 방주에 들어감
둘째 달 17일 ⇩(150일)	7일(홍수시작)	큰 깊음의 샘들이 터지고, 하늘의 창들이 열림.
일곱째 달 17일 ⇩(74일)	7일+150일=157일	150일동안 물이 땅을 덮음, 아라랏산에 머뭄
열째 달 1일 ⇩(40일)	157일+74일=231일	산들의 봉우리가 보임
열한째 달 ⇩(7일)	231일+40일=271일	창문을 열고 까마귀를 내놓음
열한째 달 18일 ⇩(7일)	271일+7일=278일	1차 비둘기를 방주에서 내놓음
열한째 달 ⇩(36일)	278일+7일=285일	2차 비둘기가 다시 돌아오지 않음
601세 첫째 달 1일 ⇩(56일)	285일+36일=321일	땅위에 물이 걷힘
둘째 달 27일	321일+56일=377일	땅이 마름, 방주에서 나옴
1년 17일	377일	

1-2 노아 홍수이전 900살 이상을 살 수 있었던 과학적 근거

먼저 이 단락은 창조시대 때 지구 과학의 이론을 설명하는데 목적이 있는 것이 아니라, 성경에 기록된 말씀을 과학으로 증명하여 아담의 가족계보에 나오는 900살 이상 넘도록 장수할 수 있었다는 성경말씀이 사실임을 확증하고자 과학적인 원리와 이론을 잠시 소개하겠습니다.

하나님이 창조 둘째 날과 세째 날 지구의 형태인 하늘과 땅과 바다를 만드신 말씀이 창세기 1장 6절부터 10절까지 기록되어 있습니다.

> "하나님이 가라사대 물 가운데 궁창이 있어 물과 물로 나뉘게 하리라 하시고 하나님이 궁창을 만드사 궁창 아래의 물과 궁창 위의 물로 나뉘게 하시매 그대로 되니라 하나님이 궁창을 하늘이라 칭하시니라. 저녁이 되며 아침이 되니 이는 둘째 날이니라. 하나님이 가라사대 천하의 물이 한곳으로 모이고 뭍이 드러나라 하시매 그대로 되니라. 하나님이 뭍을 땅이라 칭하시고 모인 물을 바다라 칭하시니라. 하나님의 보시기에 좋았더라."(창1:6-10)

궁창을 하늘이라 칭하였고 궁창위의 물과 궁창 아래의 물로 나뉘게 하셨다고 기록하고 있습니다. 하늘 위와 아래가 물로 덮여있다는 말씀입니다. 하늘아래 물을 한곳으로 모으니 뭍이 들어나 땅이라 칭하고 물을 모아둔 곳을 바다라 칭하셨다고 말씀하십니다. 다시 말하면 노아의 홍수이전 하늘(궁창)아래 물은 바다, 강, 하천과 지하수로 구성되어 있음을 알 수 있습니다. 창세기 1장 6-10절의 말씀을 그림 I-1 에서 묘사해 보았습니다.

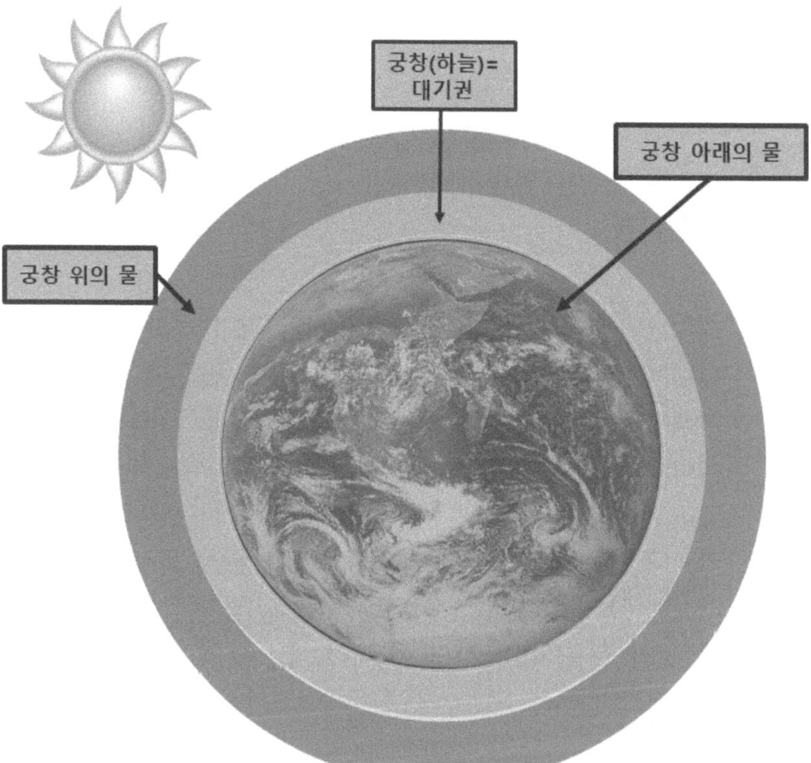

그림 I-1 창조 둘째날 "궁창(하늘)아래의 물과 궁창 위의 물로 나뉘게 하시매"

궁창 위의 물

태양빛은 크게 3가지로 구분할 수 있습니다. 가시광선 (빨, 주, 노, 초, 파, 남 보), 빨강색 밖의 색을 적외선이라 말하고, 보라색 밖의 선을 자외선이라고 말합니다. 이러한 태양빛으로 인해 색을 분간할 수 있고 인체에 득과 해가 되는 빛으로 구분될 수 있습니다. 아래 그림 I-2 에서 쉽게 설명해 놓았듯이 장파로 분류된 원적외선등과 같은 빛은 인체에 이로운 빛으로 치료의 역할을 하는 빛이고 자외선, x-선, 감마선은 단파로 분류하여 인체에 해로운 빛으로 장시간 노출될 경우, 피부노화 및 암의 원인 그리고 여러 질병의 원인이 될 수 있다고 과학적으로 입증되었습니다.

신기하게도 궁창위의 물은 자외선, x-선, 감마선과 같은 인체의 해로운 빛은 막아주고, 원적외선과 같은 인체에 이롭고 치료의 효과를 주는 빛은 궁창위의 물을 투과시켜 빛이 궁창안에서 반사되는 역할을 함으로 인체가 원적외선과 같은 장파에 노출됨으로 생명체의 활성을 유지시키는 작용을 하며[4], 더욱이 물 안에 둘러싸여있는 지구는 온실효과(Greenhouse Effect)로 인간의 피부노화가 느려지고 인체의 질병들이 치유되는 환경으로 생명체가 살아가기에 최적의 조건임을 말해주는 과학적인 근거를 그림 I-2 에서 묘사해주고 있습니다. 그 결과

4) 한국창조과학회, 홍수이후 단축된 인간의 수명, http://creation.kr/

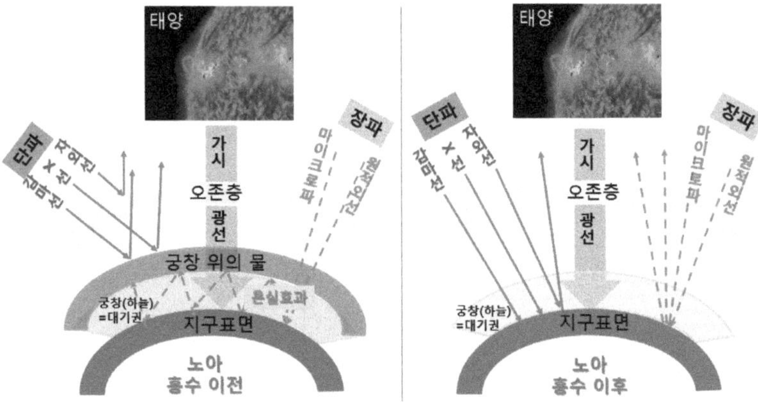

그림 1-2 태양빛의 종류: 인체에 이로운 빛과 해로운 빛

사람의 수명이 900살 이상 살수 있다는 가능성을 과학적 원리를 바탕으로 증명할 수 있습니다.

지구 자기장

창조시대 때 사람이 장수할 수 있었던 또 하나의 과학적 근거로서 지구 자기장의 역할을 들 수 있습니다. 자기장의 역할은 지구를 보호해주는 방패와 같은 역할을 하기 때문에 강력한 자기장은 생명체에게 중요한 보호막이 됩니다. 지구자기장은 계속해서 지구로 쏟아지는 유해한 우주방사선(cosmic rays)이 지구의 대기권이나 지표면에 도달하지 못하도록 우주로 되돌려

보내는 역할을 하고 있습니다. 만약 지구를 둘러싼 자기장이 없다면, 생명체가 살아가기 힘든 환경이 될 것입니다[5].

그런데 지구자기장이 지구를 보호하는 힘의 강도가 줄어드는 주기를 발견하였는데 1,400년마다 자기장의 힘이 반으로 줄어드는 패턴을 과학자들이 발견하게 되었습니다. 이것을 지구자기장의 반감기라고 합니다[8]. 그림 I-3은 태양풍으로부터 우주 방사선을 막아주는 지구자기장을 보여주는 그림이고, 그림 I-4는 1,400년 주기로 지구자기장의 힘이 반으로 줄어드는 반감기를 보여주는 그림입니다.

출처: 나무위키, 지구자기장, https://namu.wiki

그림 I-3 태양풍을 막아내는 지구자기장

5) 한국창조과학회, 젊은 지구(The Young Earth) 7장, http://creation.kr/, 2020. 12. 21

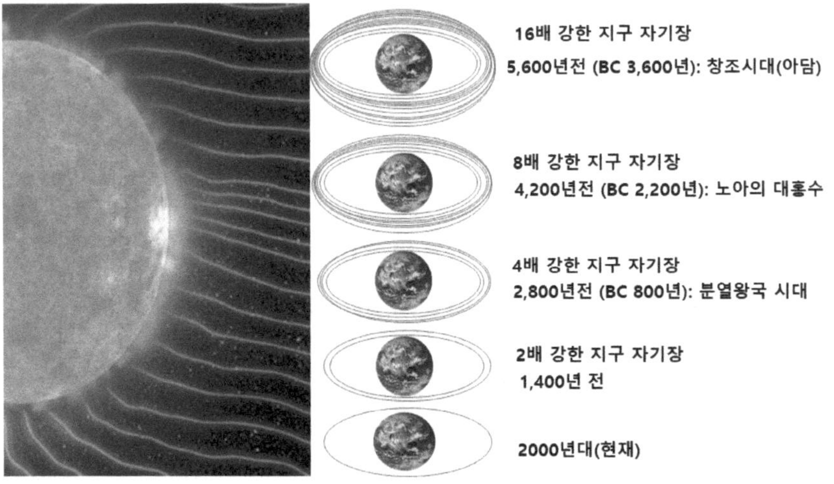

그림 I-4 1,400년 주기로 자기장의 힘이 반감하는 지구자기장의 변화

이러한 홍수 이전의 궁창 위의 물로 인해 사람에게 해로운 태양빛을 차단해주고, 사람에게 이롭고 치료될 수 있는 빛은 궁창의 물로 투과시켜주고, 또한 강한 지구자기장이 우주방사선으로부터 지구를 보호해 줌을 보여주는 과학적인 근거로 아담시대 때 사람의 수명이 900살 이상 살 수 있다는 성경의 말씀이 신화가 아니고 사실임을 의심 없이 받아들이기 바랍니다.

1-3 아담부터 노아까지

할아버지와 손주들과 아들 딸이 한자리에 모여 있는 밥상머리에서 가족의 어른이 조상들의 행적들을 이야기하는 모습을 상상해보기 바랍니다.

창세기 5장 4절부터 32절은 아담의 족보를 기록하고 있습니다.

- 아담은 셋을 낳은 후....구백삼십(930)세를 살고 죽었더라
- 셋은 백오 세에 에노스를 낳았고....구백십이(912)세를 살고 죽었더라
- 에노스는 구십 세에 게난을 낳았고....구백오(905)세를 살고 죽었더라
- 게난은 칠십 세에 마할랄렐을 낳았고....구백십(910)세를 살고 죽었더라
- 마할랄렐은 육십오 세에 야렛을 낳았고....팔백구십오(895)세를 살고 죽었더라
- 야렛은 백육십이 세에 에녹을 낳았고.....구백육십이(962)세를 살고 죽었더라
- 에녹은 육십오 세에 므두셀라를 낳았고.....삼백육십오(365)세를 살았더라

- 므두셀라는 백팔십칠 세에 라멕을 낳았고.....구백육십구(969)세를 살고 죽었더라
- 라멕은 노아를 낳은 후...... 칠백칠십칠(777) 세를 살고 죽었더라
- 노아는 오백 세 된 후에 셈, 함, 야벳을 낳았고.....구백오십(950)세에 죽었더라

먼저 그림 I-5 에서 보여주듯이 아담부터 야렛까지 6대의 가계도를 살펴보겠습니다.

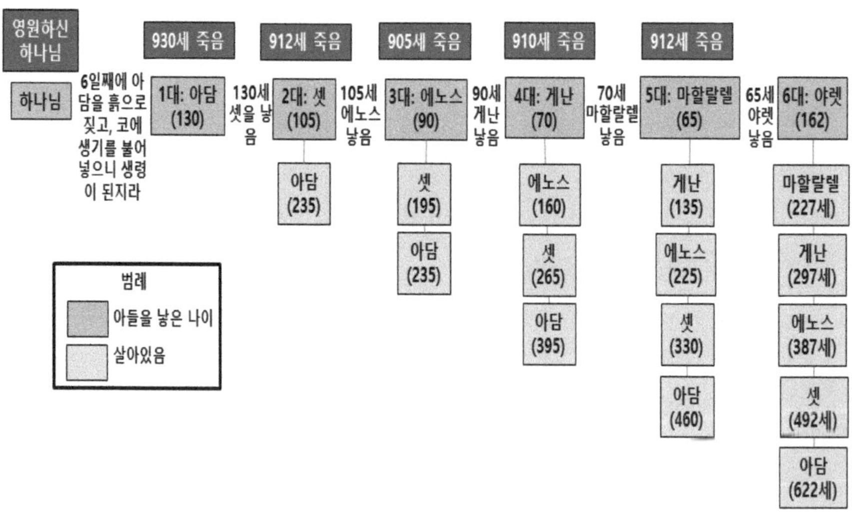

그림 I-5 아담부터 야렛까지(아담의 6대 가계도)

그림 1-5에서는 가인과 아벨은 아담의 족보에서 빠졌습니다. 왜냐하면 동생 아벨의 제사는 하나님이 받았고 형 가인의 제사는 하나님이 받지 않았기 때문에, 가인의 질투심으로 동생 아벨을 들에서 죽이게 됩니다. 이 사건을 통해 가족공동체가 지켰던 전통적 풍습이 이어져 내려가고 있다는 사실을 알 수 있습니다. 바로 하나님께 제사 드리는 일이었습니다. 아담이 불순종의 죄로 인해 에덴동산에서 쫓겨나기 전까지 제사에 대한 말씀이 전혀 언급되지 않습니다. 그런데, 가인과 아벨은 하나님께 제사를 드렸다는 기록이 있습니다. 누가 가르쳤을까요? 육신의 아버지인 아담이 두 아들에게 하나님께 제사 드리는 예식을 가르쳤던 것입니다. 아담은 자식을 낳으면서 자손들에게 하나님에 대한 이야기를 늘 들려줬을 것이고, 그 자손들에게 가족 모두가 죄인이라는 것을 말 해주며, 죄 있는 모습으로 하나님께 나아갈 수 없으니 반드시 짐승의 피를 흘림으로 죄 사함 받은 후 하나님께 나아갈 수 있다는 것을 가르쳤을 것입니다. 제사 드리는 방법을 가르쳤을 뿐 아니라, 아담이 에덴동산에서 살았던 이야기들과 하나님이 어떤 분이라는 것 까지 아들딸 손주들이 태어날 때마다 이야기해 주었을 것입니다.

그럼 아담은 어떻게 하나님께 제사 드리는 법을 알았을까요? 라는 의문을 가져야 합니다. 창세기 3장 21절에 힌트가 있습니다. *"여호와 하나님이 아담과 그 아내를 위하여 가죽옷을 지어 입히시니라"* 이 말씀에 많은 것들이 담겨 있습니다.(제2부 그리스도의 복음에서 더 자세히 다루겠습니다)

하나님이 천지 창조를 행하실 때 첫날부터 다섯째 날까지는 *"보시기에 좋았더라"* 하셨는데 여섯째 날은 하나님 *"보시기에 심히 좋았다"*고 하십니다. 부끄러움도, 고통도, 고생도, 땀 흘림도, 죽음도 없는 것이 하나님 보시기에 심히 좋은 것이었습니다. 이것을 축복이라 말하며 생명의 근원이 되고 사랑인 하나님과 함께 있을 때 이 축복이 영원한 것이었습니다. 그런데 아담의 불순종으로 인해 죄가 들어오면서 축복이 부끄러움, 두려움, 핑계, 고통, 땀 흘림, 고생 그리고 죽음으로 변하게 된 것입니다. 죄로 인해 생명의 근원인 하나님과 더 이상 함께 할 수 없게 된 것입니다. 사랑의 하나님이신 분이 공의의 하나님이기에 죄와 함께 할 수 없기에 아담은 하나님과 분리될 수밖에 없었던 것입니다.

공의의 하나님의 속성으로 아담은 하나님과 연합할 수 없게 되었으나, 사랑의 하나님의 속성 때문에 하나님은 아담에게 하나님을 만날 수 있는 길을 가르쳐주신 것입니다. 바로 피 흘림의 제사를 가르쳤습니다. 왜냐하면 죄의 삯은 죽음이며 반드시 피를 흘려야 죄의 댓가를 치를 수 있기 때문입니다. 그래서 하나님은 짐승을 잡아서 피를 흘리고 하나님께 나오는 방법을 아담에게 가르쳐준 것입니다. 가죽 옷은 짐승이 피 흘려 죽은 후 짐승의 피피를 벗겨 이담과 하와의 부끄러움을 가려주는 역할까지도 하였습니다.

"육체의 생명은 피에 있음이라 내가 이 피를 너희에게 주어 단에 뿌려 너희의 생명을 위하여 속하게 하였나니 생명이 피에 있으므로 피가 죄를 속하느니라."(레 17:11)

이처럼 아담은 하나님에 대한 산 간증을 노아의 아버지 라멕이 56세 되던 해까지 자손 대대로 말해주었을 것입니다(그림 I-6 참조). 아담이 죽게 되면 다음 세대 또 그 다음 세대들의 입에서 입으로 가르치고 전해져 노아의 홍수가 일어나는 해까지 약 1650여 년간 아담과 셋, 에노스, 게난, 마할랄렐, 야렛, 에녹, 므두셀라, 라멕, 노아에 이르기까지 자손들에게 하나님의 관한 이야기들을 전했을 것입니다. 단지 10명의 자손만 있었던 것은 아닐 것입니다. 그러나 많은 자손들 중 하나님에 대한 간증을 사모하고 생각하고 마음에 새겼던 선택받은 믿음의 조상들이 성경의 중심에서 오늘 우리에게 까지 전해져 내려올 수 있었던 것입니다. 이러한 창세기의 말씀을 우리 손에서 읽을 수 있다는 것이 기적이며 신비일 뿐입니다.

7대 믿음의 조상인 에녹은 죽음을 보지 않고 하나님으로부터 들림 받게 되었습니다. 에녹에 대해 조금 더 살펴보겠습니다. 에녹이 65세 때 므두셀라를 낳습니다.

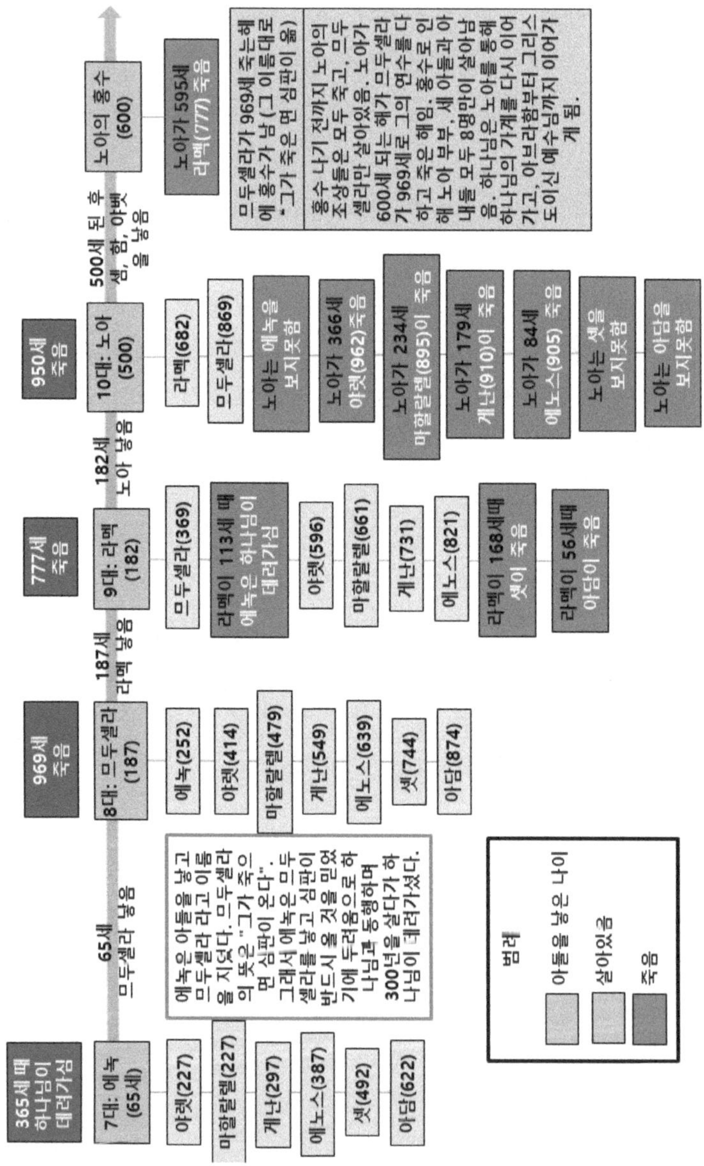

그림 I-6 에녹부터 노아까지(아담의 10대 가계도)

므두셀라는 히브리어로 מתושלח(MeThuWSHeLaCH, 메투셀라흐)로서 "창의 사람" 이라는 뜻이 있습니다. "성인 남자"라는 מת(MaTH, 마트)와 "무기" "창" "검"이라는 שלח(SHeLaCH, 셀라흐)뜻의 합성어입니다. 또한 שלח(SHaLaCH, 샬라흐)가 동사로 쓰일 때는 "보내다"는 뜻입니다. 표 I-2는 므두셀라를 히브리어로 설명한 표입니다.

문자적인 의미로 해석해보면 가족과 부족을 지키는 자는 창을 가진 성인남자 들인데 그 들이 싸움에서 죽으면 승리한 부족들이 패배한 가족과 부족들을 소유하고 죽이기까지 합니다. 바로 므두셀라의 이름에 "그가 죽으면 심판을 보낸다"는 의미를 내포하고 있습니다. 에녹은 므두셀라를 65세 때 낳은 후 이름을 지으면서 완전히 변화된 삶을 살았을 것입니다. 성경에

표 I-2 히브리어의 "므두셀라" 뜻[6)]

히브리어	발음	뜻	해석
מתושלח	MeThuWSHeLaCH (메투셀라흐)	창의 사람	고대시대에는 창을 가진 성인남자가 가족과 부족을 지키는 자들이었습니다. 그들이 싸움에서 죽으면 가족과 부족은 죽음의 심판이 따릅니다. 므두셀라의 이름에 "그가 죽으면 심판이 온다"라는 의미가 내포되어 있습니다.
מת	MaTH(마트)	성인, 어른, 성인남자 מות (MuWTH, 무트)의 동사형은 "죽다" 분사형이 מת(마트)인 "죽어가는"이라는 뜻	
שלח	SHeLaCH (셀라흐)	남성명사: 무기, 창, 검, 칼 동사: 보내다	

6) 히브리어사전 스트롱코드 개역개정4 판, 2010년 2월5일

에녹은 300년간 하나님과 동행하며 365세 되던 해 죽음을 보지 않고 하나님이 데려가셨다고 기록하고 있습니다. 이 말씀을 유추해보면 에녹은 65세가 되기 전까지는 하나님께 헌신된 사람이 아니었을 거라 추측할 수 있습니다. 그럼 언제 에녹이 하나님과 온전히 하나 되었을까요? 바로 므두셀라가 태어나는 해, 즉 65세가 되었을 때 에녹은 완전히 하나님의 사람이 된 것입니다. 므두셀라가 태어남과 동시에 하나님의 심판의 시간표가 작동하기 시작한 것을 에녹은 깨달았기 때문에 남은 300년의 삶을 온전히 하나님과 함께 하였을 것입니다.

또한 므두셀라가 인류 역사상 969세까지 가장 오래 산 사람입니다. 노아시대 죄가 관영하고 타락한 세상에서 사람들이 죄와 타락으로부터 돌아서기를 오래 참고 기다리는 하나님의 사랑을 므두셀라의 나이를 통해 느낄 수 있습니다.

아담의 10대 손자인 노아시대를 살펴보겠습니다. 그림 I-6에서 보여주듯이 노아의 아버지 라멕은 노아가 595세 때 777세인 가장 적은 나이로 죽게 됨으로 아담부터 라멕까지의 조상들은 모두 죽고 오직 므두셀라 할아버지만 살아계십니다. 왜냐하면 하나님의 홍수심판의 시간표는 므두셀라가 969세가 되는 해에 맞춰져있기 때문입니다. 노아가 600세가 되는 해는 홍수의 심판이 있는 해이며, 므두셀라 할아버지가 969세가 되는 해이기도 합니다. 마침내 하나님은 므두셀라가 죽은 후, 같은 해 홍수의 심판을 보냅니다. 므두셀라의 969세의 삶은 하나님이 타락하고 죄로 관영한 인류를 향한 홍수의 심판을 보내는 시간표였습니다.

1-4 노아부터 아브라함까지

아담부터 10대손 노아까지의 시대는 홍수로 인해 끝이 나며 호흡이 있는 모든 생명체들은 물에 잠겨 다 죽게 되고 오직 노아의 가족 8명만 살아남게 됩니다. 이제 노아는 하나님의 대한 간증을 여러 조상들로부터 귀가 닳도록 들었던 유일한 사람이 되었습니다. 하나님의 간증을 간직한 사람 노아는 하나님에 대한 전지전능하심과 홍수 전 과 후의 상황들을 자손 대대로 전했을 것입니다. 여기에서 한 가지 질문을 하겠습니다. 아브라함[7]이 살아있을 때 과연 노아도 살아있었을까요? 예, 살아 있었습니다. 하나님은 아브라함을 택하여 본격적인 구원사역을 시작하십니다. 그 중심에 아브라함이 있었습니다. 믿음이 없었던 아브라함을 75세가 되는 해 하나님이 아브라함을 부르십니다. 아브라함은 직•간접적으로 노아 할아버지로부터 하나님에 대한 간증을 들었을 것입니다. 그림 I–7 은 노아부터 아브라함까지 10대의 가계도를 보여주고 있습니다.

7) 아브라함의 이름은 99세 되는 해 하나님이 아브람에서 아브라함으로 바꿔줍니다. 아브라함의 뜻은 큰 민족의 아버지란 뜻입니다. 이 책에서는 통상적으로 아브라함이라 칭하겠습니다.

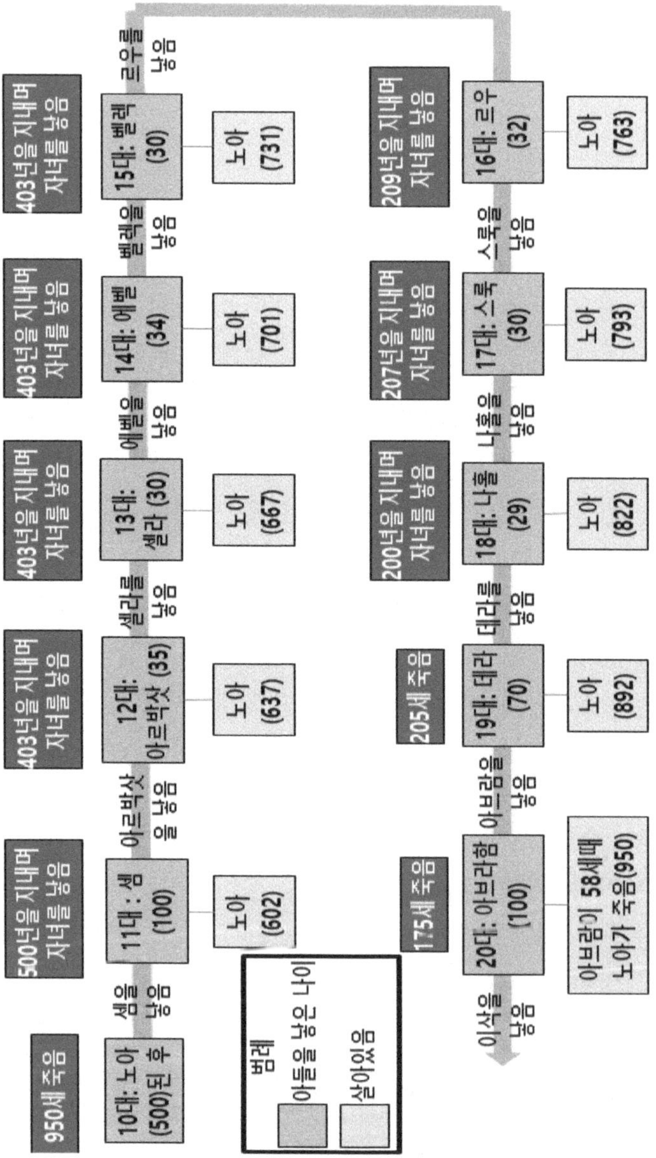

그림 I-7 노아부터 아브라함까지 10대 가계도

창세기 11장 10절부터 26절까지의 말씀을 배경으로 노아부터 아브라함까지의 연수를 계산해 보았습니다. 홍수 이후 하나님을 온전히 전할 수 있었던 유일한 사람 노아로부터 믿음의 조상으로 택함 받은 아브라함 때까지 하나님에 대한 전지전능함의 역사를 입에서 입으로 전해졌다는 사실이 놀랍고 신비로울 뿐입니다. 홍수 이후 2년 노아 나이 602세에 셈을 통하여 첫 손주를 보게 됩니다. 그 후 10대손 아브라함이 태어날 때 노아는 892세였고 노아가 죽을 때 아브라함 나이 58세[8] 였습니다. 하나님에 대한 생생한 얘기를 노아로부터 혹은 셈의 후예들로부터 듣고 생활했던 아브라함을 하나님이 하란에서 부르십니다. 아버지 데라가 죽고 현실의 공허함 속에서 아브라함은 75세 때 하나님의 부르심을 받고 본토 친척 아비 집을 떠나게 됩니다. 한 가지 더 질문 하겠습니다. 하나님이 왜 아브라함을 택하였을까요? 답은 창세기 18장에 있습니다. 아브라함이 자식들과 자손들을 하나님께 순종하고 옳고 바른 일을 행하도록 잘 가르칠 사람이기 때문에 아브라함을 택하셨다고 성경은 기록하고 있습니다.

> **"내가 아브라함을 선택한 것은, 그가 자식들과 자손을 잘 가르쳐서, 나에게 순종하게 하고, 옳고 바른 일을 하도록 가르치라는 뜻에서 한 것이다. 그의 자손이 아브라함에게 배운 대로 하면, 나는 아브라함에게 약속한 대로 다 이루어 주겠다." (창 18:19)**

---

8) 창세기 11장 노아의 아들 셈의 후예의 계보를 문자적으로 계산하였습니다.

아브라함이 하나님을 모르고 하나님의 도를 깨닫지 못했다면 하나님으로부터 택함 받지 못했을 것입니다. 아브라함이 택함 받을 수 있었던 이유는 노아로부터 그 조상 할아버지들이 믿었던 하나님에 대한 말씀이 아브라함 삶의 중심이며 뿌리가 되었기 때문입니다.

위에서 살펴본 홍수심판 전 아담부터 노아까지, 홍수 이후 노아부터 아브라함까지 조상들은 수백 년 동안 자손의 자손들에게 하나님에 대한 생생한 간증을 들려준 것입니다. 아담은 창조주 하나님의 전능하심을 간증했을 것이고, 므두셀라는 아버지 에녹이 하나님과 늘 동행하며 생활하면서 살았던 모습을 간증했을 것이며, 특별히 므두셀라는 아담부터 7대손 할아버지인 에녹까지 살아계신 모습을 보고 자란 유일한 사람이었습니다. 노아는 므두셀라 할아버지가 돌아가시면 심판이 올 거라는 조상들의 이야기를 들으며 므두셀라 할아버지를 옆에서 가장 가까이 섬겼을 것입니다. 므두셀라가 죽은 해 홍수의 심판이 온 지면을 덮었고, 377일간 방주 안에서 생활하고 세상 밖으로 나왔을 때 첫 제단을 쌓게 됩니다. 그 후 노아는 자녀들과 손주들이 태어날 때마다 하나님과 홍수 심판에 대한 생생한 얘기를 전해주었을 것입니다. 그 간증을 들으며 살아온 자손 중 아브라함도 노아와 한 세대를 살았던 것입니다. 말씀을 듣고 믿고 살았던 믿음의 조상들은 하나님의 말씀이 삶의 최우선이며 최고의 중심에 있을 때 하나님의 계획과 역사하심의 일꾼으로 사용 받게 되었다는 사실을 기억하기 바랍니다.

말씀을 내 것으로 붙든 자들만이 하나님과 하나 될 수 있으며, 그 다음부터 하나님이 일하고 하나님이 자신의 뜻을 이루기 위해 우리들을 하나님의 사람으로 만들어 간다는 사실을 믿기 바랍니다. 우리들은 가만히 있어 하나님이 하나님 됨을 알기만 하면 됩니다. 그 시작의 첫 단추가 말씀을 온전히 사모하고 주야로 묵상하는 삶이 되는 것입니다.

그 결과 우리들 자신과 아들 딸 그리고 손자 손녀들이 함께 모일 때마다 말씀으로 만난 하나님을 전하고 가르치고 간증하기 바랍니다. 훗날 자손들이 하나님의 전지전능하심과 우리를 믿음의 할아버지로 기억하는 자손들이 제 2, 제 3의 아브라함으로 사회와 국가를 변화시키는 놀라운 하나님의 사람으로 쓰임 받게 될 것입니다.

저자의 간증: "살아계신 하나님을 인정하는 삶"

1993년 겨울로 기억됩니다. 1990년과 1991년 두 차례 수술을 받은 후, 1993년에 캐나다 대학원에 입학 준비를 하고 있었던 시절이었습니다. 그 당시 제 나이는 27세 로 대학원 공부를 시작하기에는 다소 늦은 편이었습니다. 한국에서 건축공학을 졸업했지만 캐나다에서 교통학과를 처음 접한 저에게는 매우 흥미를 느끼며 두 개의 대학교에 관심을 갖게 되었습니다.

하나는 캐나다에서 공학(Engineering)과 컴퓨터학과 그리고 수학과의 실력을 최고로 인정해주는 워터루 대학교(University of Waterloo)이었고, 또 하나는 온타리오주 해밀턴시에 소재한 교통학과와 지리학과로 유명한 멕매스터 대학교(McMaster University)였습니다. 워터루 대학은 진학하는 조건들이 상위권이어야 가능하기에 미리 포기하였고, 멕매스터 대학교 교통공학과에 진학하기로 마음먹고 교통학과 담당교수님과 상담도 하고 교통학과에 대한 나의 의지도 충분히 피력했기에 많은 기대를 갖고 입학허가서를 은근히 기다리고 있었습니다.

같은 해 12월 멕매스터 대학교에서 편지 한통이 날아왔습니다. 연구비지원 및 여러 사정상 학생을 받을 수 없다는 통보였습니다. 학생에게 입학 불허라는 소식은 큰 좌절감과 앞이 캄캄한 심정이라는 것을 잘 아실 것입니다. 그때 한 아파트에서 같이 생활했던 나이 드신 집사님이 저에게 새해 첫 금식기도를 가자고 권하셨습니다. 저는 두 말없이 따라나섰습니다. 생애 첫 3일 금식기도를 드리게 된 것입니다. 기도원에서 저녁예배가 끝나고 강대상 앞에서 마지막까지 기도하다 무릎 꿇고 잠이 들기도 했습니다. 그런데 나의 기도하는 모습을 보셨던 집사님이 "자네의 간절한 기도는 하나님이 들어줄 걸세"라는 말씀을 해주셨습니다. 저는 기도 중에 마음속에 이런 말씀이 들렸습니다. "새벽기도를 하나님께 드려라"사실 새벽기도를 한 번도 해본 경험이 없던 저에게는 큰 도전이었습니다. 저는 마음속으로 여리고성이 칠 일째 무너졌으니 7일간이라도 새벽기도를 드려보자고 다짐하면서 기도원을 떠났습니다. 제가 하나님께 약속한 첫 새벽기도를 드리려고 마음먹었던 그 전날부터 갑자기 감기 몸살로 열이 나기 시작하여 끙끙 앓게 되었지만, 하나님께 약속했기에 6시 새벽예배에 참석하기 위해 5시에 일어나야 했습니다. 개인차가 없어 시내버스를 타야하는데 첫 버스가 6시에 운행하였습니다. 그래서 5시에 일어나 약 50분 정도 걸어야 교회에 도착할 수 있었습니다. 엎친 데 덮친 격으로 캐나다의 겨울을 경험한 분은 아시겠지만, 눈이 오기 시작하면 무릎까지 쌓이고 바람이라도 불면 걷기도 힘들 정도입니다. 그런데 첫날 감기 몸살에 바람이 불고 눈까지 내리기 시작했습니다. 밖의 기온은 체감온도가 영하25도 정도 되었습니다. 아픈 몸을 일으켜 약 50분정도 걸어서 교회에 도착하니 몸은 땀이 흐르면서 몸살기운이 점점 회복되는 것 같았습니다. 이렇게 시작한 새벽기도가 일주일을 넘기고 2주일을 넘기며 계속 이어졌습니다.

그 당시 제가 출석한 교회는 토요일마다 청년성경공부가 있었습니다. 저는 항상 30분 일찍 교회에 도착하여 먼저 예배당에 가서 기도하고 모임에 참석하는 습관이 있었습니다. 물론 저의 기도제목은 대학원에 입학하는 것이었습니다. 그런데 성경공부를 하는 도중 마음속에 워터루 대학을 찾아가라는 성령님의 음성이 들리는 것 같았습니다. 성경공부를 마치고 청년들과 이야기를 나누는데 저는 아무 기대나 생각 없이 “워터루 대학을 방문하고 싶은데 교통편이 없어서 어떻게 해야 할지 걱정이네요”라고 화두를 던졌습니다. 성경공부를 마친 후 집에 와서 TV를 보고 있는데 청년모임에 참석했던 자매에게 전화가 왔습니다. 그 자매는 저에게 "워터루 대학교에 가야 한다면서요? 제 차 타고 다녀오세요."라고 선뜻 자기차를 빌려주겠다고 말하는 것이었습니다. 겨울이며 길도 미끄러운데 자기차를 내주는 것은 어려운 결정인데 너무 뜻밖이라 미안하면서도 감사하다고 인사를 하고 월요일 워터루 대학교를 향해 떠나게 되었습니다. 토론토에서 약 1시간 30분을 차로 달려야 도착하는 거리였습니다.

워터루 대학교에 도착해 교통학과 교수님들이 모여 있는 연구실을 찾았습니다. 사실 어느 교수님과도 약속한 것 없이 무작정 찾아간 것이었습니다. 그런데 매주 월요일 교통과 교수님들이 회의를 하는 시간에 찾았던 것입니다. 저는 무작정 교통과 교수님을 만나러 왔다고 말하는 순간, 여기 모두가 교통과 교수들이라고 말씀하시는 것이었습니다. 그중 한 교수님(지도교수님이 되신 분)이 저에게 조금 있다 자기 연구실로 올 수 있냐고 저에게 물어보시는 거였습니다. 저는 알겠다고 말하고 그 분의 연구실에서 기다렸습니다. 그리고 제가 공부했던 모든 자료들을 교수님께 보여주며 설명하고 교통학과에 관심이 많음을 강조하면서 대화를 마쳤습니다.

그리고 일주일 후 입학하기 어려워서 생각도 안했던 워터루 대학으로부터 입학을 허락해 주겠다는 편지 한통을 받았습니다. 기적이었습니다. 사람의 능력과 힘으로는 해낼 수 없는 일을 하나님은 예비하셨고 준비하셨고 교통학과 교수님들이 다 모이는 날에 제 마음속에 워터루 대학에 무조건 찾아가라는 인도하심과 한 자매가 자신의 차를 선뜻 내준 것 까지 사람의 노력과 능력으로는 도저히 할 수 없는 일들을 보고 듣고 경험하게 되었습니다. 하나님의 눈동자가 늘 나를 향해 계셨다는 것을 깨닫게 되었습니다. 저는 워터루 대학으로 이사 가기 전 4개월 동안 새벽기도를 빠지지 않았습니다.

30여년이 흘렀어도 그 당시의 상황들이 아주 생생합니다. 믿음이 무엇인지 잘 모르면서 금식하겠다고 주님 십자가 앞에 엎드려 하나님의 도우심을 간절히 구했던 시절이었으며, 금식하면서 하나님께 약속했던 하루 첫 시간을 하나님께 드리겠다고 서원했던 말을 지키려고 온갖 어려움이 다가올 때 오직 하나님께 서원한 약속만 내 마음에 가득했던 시절이었습니다. 혹시 우리들 마음속에 무엇으로 가득한지요? 가득한 것이 입과 행동으로 표현된다는 사실을 기억하기 바랍니다. 하나님 생각으로 가득 채워보시면 놀라운 일이 일어날 것입니다.

2 부

예수 그리스도의 복음

창세기 말씀은 기록으로만 전달되는 "까마득히 먼 옛날이야기"가 아닙니다. 현대를 살아가는 우리의 삶에 관한 리얼스토리입니다. 사람의 본질이 무엇이며, 생명의 근원은 어디에 있고, 하나님과 분리된 삶이 무엇이며, 죄는 어떻게 시작되었고, 죄의 결과가 무엇인지를 살펴보았습니다. 그리고 하나님의 창조의 회복을 위해 예수 그리스도가 이 땅에 오신 이유, 예수 그리스도를 통하여 참 평안과 자유케 되는 그리스도의 신비가 무엇이며, 물질만능주의를 살아가는 사람들에게 참된 사랑과 만족 그리고 진정한 부(富)의 열쇠가 예수 그리스도를 아는 지혜인 그리스도의 복음을 품는 것에 있음을 증거 하고자 하였습니다.

"내가 그리스도와 함께 십자가에 못 박혔나니 그런즉 이제는 내가 사는 것이 아니요 오직 내 안에 그리스도께서 사시는 것이라 이제 내가 육체 가운데 사는 것은 나를 사랑하사 나를 위하여 자기 자신을 버리신 하나님의 아들을 믿는 믿음 안에서 사는 것이라."(갈 2:20)[9]

9) 개역개정, http://www.holybible.or.kr/

1장 생명의 근원을 찾아서

·

·

·

생명도 형태도 없었던 흙(אדמה, ADaMaH, 아다마)을 암탉이 알을 품는 것처럼, 하나님은 수면 위에서 생명의 잉태를 준비하기 위해 따뜻하고 안전한 가슴으로 "아다마"를 품음으로서 "아담"(אדם, ADaM,아담), 즉 사람을 지으시고 하나님의 호흡인 "생명의 숨"(נִשְׁמַה חַיִּים, NeSHaMaH CHaYYiM, 네샤마 하임) 속에 들어 있는 생각하고 느끼며 지각할 수 있는 지혜를 사람의 콧속에 불어 넣음으로서 완벽한 "살아있는 영혼"(נפש חיה, NePHeSH CHaYaH, 네페쉬 하야)으로 사람을 만듭니다. 그리고 모든 생명체들은 땅, 하늘, 혹은 물속을 생명의 근원이라 정해주시고 오직 사람은 하나님의 형상, 즉 하나님의 그림자(צלמ, TSeLeM, 첼렘)안을 생명의 근원으로 정하시고 생명의 피난처로 삼은 흔적을 찾아서.... (본문 중에서)

1-1 사람의 본질은 무엇인가?

창세기 2장 7절에 *"여호와 하나님이 흙으로 사람을 지으시고…"* 라고 기록되어 있습니다. 사람의 근본적인 물질적 본질이 흙이라는 사실을 처음 말하는 구절입니다. 모든 형상을 지닌 피조물들은 지음 받은 물질의 성분과 본질이 존재한다는 것을 오랜 세월동안 과학자들이 밝혀내고 있고 지금도 물질의 본질이 무엇인지 연구하고 있습니다.

과연 흙의 본질은 무엇이며, 사람은 어떻게 지음 받았으며, 생명의 근원은 어디인지, 과학적인 이론과 철학적인 사상을 논증하고 증명하는 것이 아니라, 온전히 성경에 기록된 말씀을 근거로 사람의 생명 된 본질과 생명의 근원을 살펴보면서 성경 말씀은 신비의 조각들이 모여 영원한 생명의 진리이며 불변의 하나님의 말씀이라는 사실을 증명하고자 합니다.

혼돈과 공허 그리고 흑암

창세기 1장 2절에 *"땅이 혼돈하고 공허하며 흑암이 깊음 위에 있고"*라고 기록되어 있습니다. 하나님은 무엇을 말씀하려고 이 글을 기록하였을까요? 바로 사람의 본질인 흙이 존재하는 근본적인 형상을 말하고 있습니다. 흙의 광물질적인 구성요소를 설명하기보다는 흙(땅)이 "혼돈(Formless)"과 "공허(Empty)" 그리고 "흑암(Darkness)"중에 있다는 고유한 성질을 설명하고 있습니다.

이러한 혼돈, 공허, 흑암의 본질로 구성된 흙으로 하나님은 사람을 지으셨습니다. 이 땅에 사는 사람들의 삶의 모습을 조용히 묵상해 보기 바랍니다. 얼마나 많은 혼돈과 공허함과 한 치 앞을 모르는 흑암과 같은 삶을 살고 있음을 우리는 매 순간 경험하고 있으며, 때로는 의식조차 못한 채 살아갈 뿐입니다. 예를 들어 설명하겠습니다.

1. 혼돈의 삶: 얼마나 많은 혼돈 속에서 생활하고 있습니까? "혼돈"이란 사전적인 뜻은 "온갖 사물이나 정신적 가치가 뒤섞이어 갈피를 잡을 수 없음"이라 설명하고 있습니다[10]. 우리가 살아가는 이 세상에서의 삶은 대부분 결정해야 하는 상황 속에서 살아간다 해도 과언이 아닐 것입니다. 이 직장이 더 좋을 것 같고, 이 사업이 더 잘될 것 같고, 이 차가 더 좋을 것 같고, 이 사람이 더 믿을만한 사람이라 생각하는 등, 결정을 해야 하는 순간들이 이 세상을 살아가는 풍속일 것입니다. 그러나 그 결정이 최선의 선택이라 생각했지만 시간이 지남에 따라 후회 되고 또 다른 근심과 걱정이 더해지면서 사람들은 또 다른 결정을 해야 하는 상황이 반복하는 생활

10) Daum 사전 https://dic.daum.net/

속에서 살아갑니다. 물론 사람들마다 약간의 차이는 있겠지만 선택한 결정이 최고의 가치로 생각했지만 사람들은 갈등과 후회가 반복되는 삶이 뒤섞이는 혼돈 속에 살고 있음을 부인할 수 없을 것입니다. 왜냐하면 흙으로 지음받은 사람의 본질중의 하나인 속성이 "혼돈" 속에 있기 때문입니다.

2. 공허함의 삶: "공허"의 사전적인 뜻은 "아무것도 없이 텅 빔"이라 설명하고 있습니다[11]. 이런 의미에서 모든 사람들은 공허함을 느껴보았을 것입니다. 많이 가진 자든 적게 가진 자든 마음속이 텅빈 공허한 상태를 경험해 보았을 것입니다. 생각해보면 인생 자체가 공허한 삶이라 표현해도 과언이 아닐 것입니다. 만약 우리가 좋은 집에 이사 갔을 때, 좋은 직장에 취직 했을 때, 혹은 좋은 사업체를 찾았을 때, 혹은 자녀들이 출세하고 성공했다고 자랑해도, 과연 그 기쁨과 만족이 얼마동안 지속되던가요? 때로는 공허함으로부터 벗어나보려고 술을 마셔보고, 쾌락을 즐겨보고, 돈을 모아보고, 돈으로 명예를 얻어 보지만 얼마 지나지 않아 사람들의 마음은 채워지지 않는 무언가에 대한 또 다른 욕망과 필요를 느끼게 될 것입니다. 그 결과 웃고, 울고, 혹은 우울감이 반복되는 삶이 인생인 듯합니다. 성경에 인생의 공허함을 잘 표현한 구절이 있습니다. *"헛되고 헛되며 헛되니 모든 것이 헛되도다.... 눈은 보아도 족함이 없고 귀는 들어도 가득 차지 아니하도다.....내가 해 아래서 행하는 모든 일을 본즉 다 헛되*

11) Daum, 사전 https://dic.daum.net/

고....내가 다시 지혜를 알고자 하며 마음을 썼으나 이것도 바람을 잡으려는 것인 줄을 깨달았도다" 전도서 1장에 나오는 솔로몬의 고백입니다. 인생을 살면서 수고하여 얻어 보았지만 만족함이 없다는 고백입니다. 왜 그럴까요? 전도서 3장 11절에서 답을 찾을 수 있습니다. *"하나님이 모든 것을 지으시되 때를 따라 아름답게 하셨고 또 사람들에게는 영원을 사모하는 마음을 주셨느니라"*고 기록하고 있습니다. 사람들은 간절히 원하는 것을 얻었을 때 그것들이 영원히 자신들의 곁에 함께 있어주길 갈망하기에 지키려고 열심히 노력해보지만 시간이 지나면서 영원할 것 같은 것들의 가치들이 퇴색하고 만족을 주지 못하는 것을 깨닫게 되는 순간 마음속에 채워지지 않은 빈 공간을 발견하게 되고, 또 다시 마음의 빈 공간을 채우려는 다른 기대와 갈망이 사람들 마음중심에 다시 자리 잡게 되는 일들이 반복될 것입니다. 이러한 마음이 반복되는 현상을 공허함이라 말 할 수 있습니다.

3. 흑암 중에 있는 삶: 마지막으로 흑암에 대해 생각해 보셨나요? 매우 깜깜하고 어두움이란 사전적인 의미가 있지만, 이 세상의 풍속에 적용해볼 때 갑작스럽게 다가올 흉(凶)과 화(禍)에 대한 준비와 예측할 수 없는 상황 속에 처해있는 사람들의 연약함을 묘사하는 표현중의 하나일 것입니다. 일상생활에서 발생하는 교통사고의 예를 들어 보겠습니다. 조심하고 잘 살피면서 운전하지만 때로는 몇 초 후에 일어날 일을 예측 할 수 없기에 수많은 사람들이 교통사고로 인한 크

고 작은 부상 혹은 목숨을 잃는 사건 사고가 매 순간 끊임없이 발생하는 현실 속에서 살아가고 있습니다. 소위 말하는 “한치 앞도 모르는 삶”이 사람들의 연약함임을 다시 한 번 되새기게 하는 말입니다. 흑암 중에 있는 모습이 사람들의 본질 중 하나이며 그 본질의 근원이 바로 흙의 속성인 깊은 흑암 중에 있음을 창세기 1장 2절에 기록하고 있습니다.

이러한 “혼돈”, “공허”, “흑암” 이 흙의 본질, 즉 사람의 본질입니다. 모든 사람은 순간을 살아가지만 마치 자신은 영원을 살아가는 것처럼 죽음이란 남의 일로 생각하며 살아가는 모습이 사람들의 모습일 것입니다. 나 자신과 가족을 위해 건강, 재물, 명예, 권세가 이 세상을 살아가는데 없어서는 안 될 삶의 우선 성취 목표가 되어 버렸고, 이러한 성취 목표들이 이 세상 삶의 풍속에서 영원한 진리인 것처럼 움켜쥘 뿐만 아니라 삶의 우상인 것처럼 삶의 우선순위가 되었음을 대부분의 사람들이 동감할 것입니다. 전도서를 쓴 솔로몬왕은 당대 가장 지혜로운 사람이었으며 부와 명예와 권세를 다 누렸던 왕이었습니다. 그런 솔로몬왕의 고백이 전도서에 기록되어 있습니다.

“일평생에 근심하며 수고하는 것이 슬픔뿐이라 그 마음이 빔에도 쉬지 못하나니 이것도 헛되도다.”(전 2:23)

결국 사람이 본질적으로 추구하는 것은 무엇이겠습니까? 혼돈, 공허, 흑암이 뒤섞여있는 삶속에서 목숨을 위한 본능적인 행위와 품위와 체면을 위한 사회적 가치를 중요시하는 삶을 살아가는데 필요한 우선순위를 정해놓고 살아가는 모습이 우리들의 모습일 것입니다. 정도와 품위의 차이는 있겠지만 결국 사람들은 나의 목숨을 위하여 무엇을 먹고 마시며, 나의 몸을 위하여 무엇을 입고 치장하는 것에 대한 만족을 쫓기 위해 살아가는 삶속에서 근심과 수고가 일평생 함께 하고 있습니다. 혹 누군가 나는 세상을 초월하여 자연과 더불어 무소유의 삶을 주장한다 해도 결국 목숨과 몸을 위해 근심하고 수고해야 살아갈 수 있는 존재가 사람의 본질이기 때문입니다.

"내가 너희에게 이르노니 너희 목숨을 위하여 무엇을 먹을까 몸을 위하여 무엇을 입을까 염려하지 말라."
(누 12:22)

태초부터 존재한 하나님의 사랑

창세기 1장 2절 "*하나님의 영은 수면 위에 운행하시니라*" 이 말씀이 무엇을 의미할까요? 흙이 물속에 잠겨있음을 암시하고 있습니다. 즉 흙의 존재가 물속에 잠겨있기에 생명이 없는 존재임을 내포하고 있습니다. 물속에 잠긴다 라는 뜻은 "죽는다" 혹은 "죽어 있는 상태"임을 말하고, 그리스어로 "βαπτίζω (baptizo, 바티조: 잠그다, 가라앉다)"라는 뜻이며, 영어로 Baptize, 즉 "침례를 주다"라는 뜻으로 연결됩니다. 침례란 물속에 완전히 잠김으로 "죄와 함께 죽는다"라는 의미의 그리스도 복음사상의 중요한 예식입니다 (제 2부 4장에서 자세히 설명되어 있습니다). 이처럼 *"수면위에 운행하시니라"*라는 구절을 통하여 모든 생명체의 본질인 흙은 물속에 잠겨 죽어있는 존재로 있을 때부터 하나님의 영이신 성령님께서 수면위에 운행하시고 계셨음을 알수 있습니다. 그럼 "하나님의 영이 수면위에 운행하시니라"라는 말씀을 구체적으로 살펴보겠습니다. "하나님의 영"을 히브리어로 "루와흐 엘로힘"(רוח אלהים, RuWaCH ELoHiYM)이라 하고, "운행하다"를 히브리어로 "라하프"(רחף, RaCHaPH)라고 합니다. 표 2-1를 참조하기 바랍니다.

표 2-1 "하나님", "영", "운행하시다"의 히브리어[12)]

히브리단어	발음	영어	뜻
רוח	RuWaCH(루와흐)	Spirit	성령, 바람, 호흡
אלהים	ELoHiYM (엘로힘)	God	하나님, 전능자
רחף	RaCHaPH (라하프)	Hover Over	운행하다, 알을 품다

히브리어 "라하프"란 "운행한다"는 뜻도 있지만 "알을 품다"

12) 히브리어사전 스트롱코드, 개역개정 4판, 2010년 2월5일. (히브리어는 자음22개의 알파벳으로 구성되어 있고, 오른쪽에서 왼쪽으로 읽는다. 히브리어 자음의 음가는 영어 대문자로 표기했으며, 자음과 자음사이 모음을 영어의 소문자로 표기해서 단어의 발음이 표현하였다.)

즉 암탉이 병아리를 부하하기 위해 알을 품고 있는 모습을 연상하시면 의미를 쉽게 이해할 수 있습니다. 이처럼 아무런 존재 가치가 없었을 때부터 전능자이며 하나님이신 성령님이 사람의 본질인 흙을 가장 따뜻하고 안전한 가슴에 품고 계셨습니다. 하나님의 계획안에서 하나님의 영은 하나님과 함께 일하고 계셨습니다. 요한복음 5장에 예수님께서 안식일 날 38년 동안 걷지 못한 병자를 낫게 하신 후 안식일을 지키지 않았다는 이유로 유대인들이 예수님을 정죄함에 대해 대답하기를 *"아들이 아버지께서 하시는 일을 보지 않고는 아무 것도 스스로 할 수 없나니 아버지께서 행하시는 그것을 아들도 그와 같이 행하느니라"*라고 말씀 하십니다. 38년 동안 어느 누구도 거들떠보지 않았고 죽은 존재나 다름없는 절름발이를 불쌍히 여기며 병 고치는 예수님의 사랑과 하나님 아버지와 성령님께서 생명조차 없었던 흙의 존재를 가슴에 품었던 삼위일체 하나님의 사랑의 속성을 말하고 있습니다. 이처럼 하나님의 창조 역사는 생명이 없는 존재를 가장 따뜻하고 안전한 곳에 품고 무질서의 공간을 질서의 공간으로 조성하며 생명의 탄생을 준비하고 있었다는 것을 알 수 있습니다.

그렇다면 사람은 어떻게 지음 받았을까요? 다음 단락에서는 사람과 모든 피조물에 대한 창조의 역사가 어떻게 이루어졌는지 살펴보겠습니다.

1-2 사람은 어떻게 지음 받았는가?

사람의 본질이 흙이라는 것을 제 1-1에서 살펴보았습니다. 그런데 놀라운 사실은 모든 생물체들도 사람과 똑같은 흙으로 지음 받았음을 창세기 1장과 2장에서 기록하고 있습니다. 짐승이나 사람이나 살아있는 존재(Living being)로 지음 받았는데 사람에게만 하나님께서 특별히 불어넣은 것이 있습니다. 바로 "생명의 기운" 즉 "생명의 숨을"코에 불어 넣었다고 말씀하십니다. 과연 "살아있는 존재"란 무엇이며, "생명의 숨"은 무엇인지 구약성경을 기록한 원문인 히브리어와 영어성경과 한글성경을 비교하며 살펴보겠습니다.

사람을 지으신 하나님

창세기 1장은 6일 동안 하나님의 완벽한 계획안에서 천지창조와 사람과 짐승을 비롯한 모든 생명체를 만든 창조 역사를 완성한 기록입니다. 하나님이 무대의 주인공으로 조명을 받고 있는 모습을 연상케 할 수 있습니다. 그러니 2장은 천지창조의 구세적이고 부가적인 설명을 기록하고 있으며, 아담이 무대의 주인공으로 조명 받고 있습니다. 그리고 하나님과 대화하며 함께 일하는 아담을 발견할 수 있습니다. 아담은 히브리어로 אדם (ADaM) "사람"이란 뜻입니다. 즉, 남자 여자를 총칭하여 사람이라 할 때 "아담"이라 합니다. 흙은 히브리어로 "아다마"(אדמה, ADaMaH) 로서 "땅", "티끌", "진흙"이라는 뜻을 포함하고 있습니다. 그래서 엄밀히 말하면 아담은 이름이 아니라 "사람"이라는 대표성을 가지고 있습니다. 그런데 왜 아담이 2장에서는 주인공으로서 조명 받았을까요? 창세기 1장 2절의 말씀인 *"하나님의 영은 수면위에 운행 하시니라"*라는 말씀을 기억하시죠. 생명도 형태도 없었던 흙(אדמה, ADaMaH, 아다마)를 암탉이 알을 품는 것처럼, 하나님은 수면 위에서 생명의 잉태를 준비하기 위해 따뜻하고 안전한 가슴으로 "아다마"를 품음으로 "아담"(אדם, ADaM,아담), 즉 사람을 지으시고 하나님의 호흡 인 "생명의 숨"(נשמה חיים, NeSHaMaH CHaYYiM, 네샤마 하임)속에 들어 있는 생각하고 느끼며 지각할 수 있는 지혜를 사람의 콧속에 불어 넣음으로서 완벽한 살아있는 영혼(living Soul)으로 만들었기 때문에 아담이 주인공으로 조명 받고 있는 것입니다. 표 2-2는 사람을 만든 하나님의 손길이 어떠하였는지 살펴보겠습니다.

사람을 지으실 때, 하나님이 *"우리의 형상을 따라" "흙으로 사람을 지으시고"*라고 말씀합니다. 즉, 성령 하나님, 성부 하나님, 성자 하나님인 삼위일체 하나님의 형상을 따라 흙으로 사람을 만든 것입니다. 또한 모든 각종 짐승들 각종 새들을 만들 때도 역시 흙으로 지었다고 기록되어 있습니다.

표 2-2 창세기 1장 26절 과 2장 7절

새 번역	개역개정	NIV 성경	KJV 성경
하나님이 말씀하시기를 우리가 우리의 형상 을 따라서, 우리의 모양대로 사람을 만들자(1:26)	하나님이 이르시되 우리의 형상을 따라 우리의 모양대로 우리가 사람을 만들자	Let us make man in our image, in our likeness	Let us make man in our image, after our likeness
주 하나님이 땅의 흙으로 사람을 지으시고, 그의 코에 생명의 기운을 불어넣으시니, 사람이 생명체가 되었다(2:7)	여호와 하나님이 땅의 흙으로 사람을 지으시고 생기를 그 코에 불어 넣으시니 사람이 생령이 되니라	the LORD God formed the man from the dust of the ground and breathed into his nostrils the breath of life, and the man became a living being	the LORD God formed man of the dust of the ground and breathed into his nostrils the breath of life; and man became a living soul

"하나님이 흙으로 각종 들짐승과 공중의 각종 새를 지으시고."(창 2: 19)

그런데 사람에게는 다른 피조물들에게는 불어넣어 주지 않은 "생명의 기운" 혹은 "생기"를 넣어 주셨습니다. 영어 성경의 기록을 살펴보면, "Breathed into his nostrils the Breath of Life"입니다. 정확히 직역 해보면 "생명의 숨을 그의 콧구멍 안에 대고 숨(호흡)을 내쉬었다"입니다. 마치 인공호흡을 하듯 생명의 호흡을 사람의 코에 대고 숨을 불어넣으신 것입니다. "생명의 기운"은 히브리어로 네샤마 하임(נשטה חיים), 즉 생명(חיים, 하임)의 숨(נשמה, 네사먀)"이라는 뜻입니다. 네샤마(נשמה)는 "호흡, 숨, 지혜, 정신"이라는 뜻을 내포하고 있으며, 하임(חיים)은 복수형으로서 "생명"이란 뜻입니다. 그리고 2장 7절 끝부분에 *"생령이 된지라"*라고 기록되어 있습니다. 생령이란 "Living Soul", "Living being" 즉 "살아있는 영혼" 혹은 "살아있는 존재"라는 뜻입니다. 히브리어로 "살아있는 존재/영혼"이 "네페쉬 하야(נפש חיה)"입니다. 네페쉬(נֶפֶשׁ: NePHeSH)는 "혼", "존재", "물체/육신"이란 뜻이고, 하야(חיה: HaYaH)는 "살아있는", "생존하는", "생명을 주다", "살게 하다"라는 뜻이 포함되어 있습니다. 표 2-3 에서 정리해 보겠습니다.

한글 성경으로만 읽을 때 "생기"와 "생령"을 원래의 뜻(히브리어)과는 다르게 해석되고 이해 할 때가 자주 있습니다. "생기"와 "생령"이라는 한글의 뉘앙스는 "영(Spirit)" 즉 "성령

표 2-3 "생기" 와 "생령"의 히브리어[13)]

<table>
<tr><th>히브리어</th><th>발음</th><th>영어</th><th>뜻</th></tr>
<tr><td>נשמה חיים</td><td>네샤마 하임
(NeSHaMaH CHaYYiM)</td><td>Breath of Life</td><td>생명의 숨/
지혜 생기</td></tr>
<tr><td colspan="4">נשמה(네샤마): 숨, 지혜, 호흡, 정신, 영혼
חיים(하임): 생명, חי(하이; 살아있는)의 복수형 일때 명사로 쓰임</td></tr>
<tr><td>נפש חיה</td><td>네페쉬 하야
(NePHeSH CHaYaH)</td><td>Living Soul/Being/
Things</td><td>살아있는 영혼/
존재/물체</td></tr>
<tr><td colspan="4">נפש(네페쉬): 영혼, 존재, 물체/육신
חיה (하야):살아있는, 생존하는 חי(하이; 살아있는)의 여성형</td></tr>
</table>

(Holy Spirit)"이라는 의미로 이해 할 때가 많습니다. 성령(Holy Spirit)은 히브리어로 루와흐(רוח)입니다. 만약 사람의 코에 성령(Holy Spirit)을 불어 넣어줬다면 "루와흐"라는 단어를 쓰는 것이 가장 적절했을 것입니다. 아담에게 영(Spirit)을 불어 넣지 않았다는 증거로 고린도전서 15장 45절에 "*첫 사람 아담은 산 영 이 되었다 함과 같이 마지막 아담은 살려주는 영이 되었나니*"라고 기록하고 있습니다. 첫 사람 아담은 산 영이란 "living Soul"을 뜻하고 마지막 아담은 예수 그리스도를 뜻하며 살려주는 영, 즉 "Life-Giving Spirit"이라는 뜻입니다.

정리해 보겠습니다. 아담은 하나님과 함께 교제하는 생명체로서 짐승에게는 없는 네샤마(호흡, 정신, 지혜)를 하나님이 아담의 코에 불어넣어 느끼고 지각하는 지혜를 가지고 있는 특별한 존재였습니다. 바로 하나님이 불어넣은 생기가 성령이 아닌 생명의 호흡인 동시에 보고 깨닫고 지각하고 느낄 수 있는 지혜였습니다. 아담이 지혜가 있었다는 증거를 창세기 1장과 2장에서 기록하고 있습니다.

> "하나님이 그들에게 복을 주시며 하나님이 그들에게 이르시되 생육하고 번성하여 땅에 충만하라, 땅을 정복하라, 바다의 물고기와 하늘의 새와 땅에 움직이는 모든 생물을 다스리라 하시니라."(창 1:28)

---

13) 히브리어사전 스트롱코드, 개역개정 4판, 2010년 2월5일

"여호와 하나님이 흙으로 각종 들짐승과 공중의 각종 새를 지으시고 아담이 무엇이라고 부르나 보시려고 그것들을 그에게로 이끌어 가시니 아담이 각 생물을 부르는 것이 곧 그 이름이 되었더라."(창2:19)

그 생명의 지혜 속에는 오직 하나님의 속성의 본질인 "경건한 선(Godly Goodness)" 만이 아담을 주장하고 있었습니다. 그 지혜로 창조의 질서를 관리하고 다스리며 각종 들짐승과 새들에게 이름도 지어줍니다. 그 이름은 불려지는 호칭뿐만 아니라, 성품과 특성까지도 내포하고 있는 것입니다. 헤아릴 수 없이 많은 짐승들의 성품을 파악하고 기억할 정도의 지혜를 가지고 있었다는 증거입니다.

짐승을 지으신 하나님

그럼 "*모든 짐승과 각종 새들과 물고기들을 흙으로 지으시고*" 라는 기록을 히브리어로 살펴보겠습니다. 정확한 이해를 돕기 위해 창세기 1장 모든 짐승들, 바다의 물고기, 공중의 새, 등을 일컬어 "살아있는 창조물", "생물" "생명"이라 기록하고 있습니다. 표 2-4는 히브리어성경, 영어성경, 새 번역 성경에 기록된 생명체에 대한 단어를 비교해 보았습니다.

표 2-4 "네페쉬 하야 = Living Creature = 살아있는 생명체"에 대한 어휘 비교

히브리어 성경[14]	KJV 영어성경	NIV 영어성경	새 번역
נפש חיה (네페쉬 하야)	Living Creature (창1:20, 21, 24, & 2:19)	Living Creature (창1:20, 24, 28, & 2:19)	생물
נפש חיה (네페쉬 하야)	Living thing (창1:28)	Living & Moving thing(창1:21)	생물
נפש חיה (네페쉬 하야)	Life (창1:30)	Breath of Life (창1:30)[15]	생명

히브리어성경의 기록을 보면 모든 피조물인 짐승들을 "네페쉬 하야(נפש חיה)", 즉 "살아있는 생물체"로 표현 했다는 것과 "사람이 생명체가 된지라"라는 구절의 "생명체"란 히브리어 단어도 "네페쉬 하야(נפש חיה)"라는 단어를 사용했음을 알 수 있습니다. 짐승과 사람이 "살아있는 창조물"이라는 점에서 동일한 존재이지만, 사람에게만 "네샤마 하임"를 불어 넣어 생명을 알고 지각하는 지혜를 가졌다는 것을 알 수 있습니다.

결론을 맺겠습니다. 아담도 모든 피조물인 짐승들도 "살아있는 생명체"이지 사람은 "영(Spirit)"적인 존재로 지음 받지 않았다는 사실을 히브리어를 통해 증명할 수 있습니다. 그러나 삼위일체 하나님이 아담에게만 코에 "생명의 숨(네샤마 히임)"을 불어 넣을 때 "생명의 지혜"가 있는 존재로 변한 것입니다.

---

14) Parallel Hebrew Old Testament, https://www.hebrewoldtestament.com
15) NIV 성경이 오역 가능성이 있습니다. "마므레(Mamre) 연구소" https://www.mechon-mamre.org 에서 제공하는 "히브리어-영어" 창세기 1:30 구절에 "네페쉬 하야"를 "Living Soul" 로 번역하였습니다.

다시 말씀드리지만 아담은 영(Spirit)으로 살아있는 존재가 아니지만, 영(Spirit)이 없어도 하나님과 교제 할 수 있었습니다. 왜냐하면 아담의 육신 안에는 오직 "인격적인 경건한 선(Human Nature of Godly Goodness)"만 존재하였기에 죄 없는 상태로 하나님과 영원히 함께 살 수 있었습니다. 죄가 없었기에 사망이 없었고 사망이 없었기에 피 흘림도 없었습니다. 그래서 사람을 포함한 모든 피조물에게 채소와 과실을 육의 양식으로 주신 것입니다. 이러한 죄 없는 에덴에서 사람과 모든 짐승들과 하늘의 새 그리고 땅을 기는 모든 피조물들은 서로가 피를 흘리지 않고 살아갈 수 있는 완벽한 존재로 지음 받은 것입니다. 말씀 한 구절 더 살펴보겠습니다.

"사람의 영혼은 여호와의 등불이라 사람의 깊은 속을 살피느니라."(잠20:27)

위 잠언에서 기록된 "사람의 영혼"을 히브리어로 "네샤마 아담"(נשמת אדם)입니다. 생명을 알아보고 지각하는 지혜로서 하나님과 함께 교제하며 살아갈 때 "사람의 영혼(네샤마)"은 삼위일체 하나님이 생명의 주인이며 생명의 지혜 됨을 알았다는 증거입니다.

다음 장에서는 모든 피조물들에게 주어진 삶의 근원이 어디며, 삶의 근원을 떠나면 어떻게 되는지 살펴보겠습니다. 하나님의 창조의 질서가 얼마나 오묘하고 놀라운지 깨닫기 원하며 사람이 얼마나 특별한 존재인지 삶의 근원의 뿌리를 알게 될 때, 우리의 지혜가 마치 사슴이 시냇물을 찾는 것처럼 하나님을 더 알기를 갈급하기 원합니다. 그러한 갈급함으로 하나님과 우리가 어떤 관계인지 구체적으로 깨닫게 될 때 우리들 마음속에 감격과 기쁨이 넘칠 것입니다.

1-3 사람의 생명에 근원은 어디인가?

사람의 생명의 근원이 이 땅위에 있다고 믿는다면 사람들의 삶은 어떨까요? 원하든 원치 않든 혹은 옳든 옳지 않든 삶의 목적은 "목숨을 위하여 무엇을 먹을까? 몸을 위하여 무엇을 입을까?"라는 육체의 욕망과 눈에 보이는 만족 그리고 남보다 더 많고 더 좋은 것으로 자랑하며 살아가는 평안 없는 혼돈과 만족 없는 공허와 준비 없는 흑암 속에서 살아갈 것입니다. 왜냐하면 사람의 본질이 흙이기 때문입니다. 전도서 저자의 마지막 말씀은 "*일의 결국을 다 들었으니 하나님을 경외하고 그의 명령들을 지킬지어다. 이것이 모든 사람의 본분이니라*"(전 12:13) 라는 고백으로 끝을 맺습니다.

왕좌에서 호화로운 생활만 누렸기에 가난과 고생이 뭔지 모르는 무지에서 하는 소리로 들릴 수도 있겠지만, 솔로몬 왕의 후반부 인생은 믿음의 조상으로 자랑할 만한 본을 보이지 못했습니다. 그럼에도 불구하고 사람의 본분은 하나님 안에 온전히 거할 때 진정한 기쁨과 평안이 있음을 고백하고 있습니다. 생명의 근원인 하나님 안에 거할 때 비록 이 세상에서 살지라도 하나님이 살아계심을 깨닫고 인정하며 살아갈 때 비로소 참 평안과 만족 그리고 준비된 자의 모습으로 살아갈 수 있는 감사가 느껴질 것입니다. 이것이 창조때 하나님이 사람들에게 주었고 지금 이 순간에도 주기 원하는 하나님의 은혜입니다. 그 은혜의 소망을 고백한 사람이 솔로몬 왕의 아버지 다윗입니다. "*여호와여 들으시고 내게 은혜를 베푸소서...주께서 나의 슬픔이 변하여 내게 춤이 되게 하시며 나의 베옷을 벗기고 기쁨으로 띠 띠우셨나이다*"(시 30:10-11). 이처럼 하나님 은혜 안에 거할 때 슬픔이 변하여 춤을 추게 되고 우리를 가리고 있는 죄로 얼룩진 옷이 기쁨의 옷으로 갈아입혀질 것입니다.

생명의 터전을 찾아서

무질서, 혼돈, 공허, 흑암 중에 있는 땅을 질서와 조화로 바꾸고 생명체가 살 수 있는 완벽한 공간으로 창조하고, 마지막으로 모든 피조물과 사람을 창조한 육일(6) 동안의 천지창조가 창세기1장과 2장에 기록되어 있습니다. 창세기 1장을 다시 깊이 묵상하며 읽어보겠습니다.

"하나님이 이르시되 빛이 있으라 하시매 빛이 있었고..... 첫째날이라."(창1:3)

"하나님이 이르시되 물 가운데 궁창이 있어 물과 물로 나뉘라 하시고.....둘째 날이라."(창1:6)

"하나님이 이르시되 땅은 풀과 씨 맺는 채소와 각기 종류 데로 씨 가진 열매 맺는 나무를 내라..... 셋째 날이라."(창1:11)

"하나님이 두 큰 광명체를 만드사 큰 광명체로 낮을 주관하게 하시고 작은 광명체로 밤을 주관하게 하시며 또 별들을 만드시고.... 넷째 날이니라."(창 1:16)

"하나님이 이르시되 물들은 생물을 번성하게 하라 땅 위 하늘의 궁창에는 새가 날으라 하시고 하나님이 큰 바다 짐승들과 물에서 번성하여 움직이는 모든 생물을 그 종류대로, 날개 있는 모든 새를 그 종류대로 창조하시니 ...... 다섯째 날 이니라."(창1:20-23)

"하나님이 이르시되 땅은 생물을 그 종류대로 내되 가축과 기는 것과 땅의 짐승을 종류대로 내라 하시니 그대로 되니라..... 하나님이 이르시되 우리의 형상을 따라 우리의 모양대로 우리가 사람을 만들고..... 하나

님이 자기 형상 곧 하나님의 형상대로 사람을 창조하시되 남자와 여자를 창조하시고.....여섯째 날이라."(창 1:24-27)

하나님은 사람과 생명체가 살고 있는 지구를 하늘, 땅, 바다라는 특성을 가진 공간으로 창조하고, 마지막 이틀 동안 각종 풀과 채소와 나무들과 생명이 있는 모든 피조물을 지었을 뿐만 아니라, 삶의 근거지를 지정해 주었음을 표 2-5 에서 정리하여 보았습니다.

표 2-5에서 보여주듯이 풀과 채소와 열매 맺는 나무와 각종 가축과 기는 생명체들은 땅에 살도록 생명의 터전을 정해주었고 물고기들은 물에서 새들은 하늘에 생명의 터전을 정해주었습니다. 그런데 사람의 생명의 근거지는 땅도 물도 하늘도 아니었습니다. 창세기 1장 26절과 28절을 자세히 읽어보기 바랍니다.

표 2-5 피조물과 생명의 근거지/터전

피조물	생명의 터전
땅은 풀과 채소와 열매 맺는 나무	땅
물들은 생물을 번성하게 하라. 큰 바다 짐승들과 물에서 번성하여 움직이는 모든 생물을 그 종류대로	물/바다
하늘의 궁창에는 새가 날으라	하늘
땅은 생물을 그 종류대로 내되 가축과 기는 것과 땅의 짐승을 종류대로 내라	땅

> "하나님이 이르시되 우리의 형상을 따라 우리의 모양대로 우리가 사람을 만들고 그들로 바다의 물고기와 하늘의 새와 가축과 온 땅과 땅에 기는 모든 것을 다스리게 하자 하시고."(창 1:26)

사람에게는 바다의 물고기, 하늘의 새, 온 땅과 땅에 기는 모든 것을 다스리라 명하셨습니다. 그런데 사람을 어떻게 지었다고 하셨나요? "*우리의 모양대로 우리가 사람을 만들고*" 우리의 모양대로란 무슨 의미일까요? 바로 성부 하나님, 성자 하나님, 성령 하나님, 즉 삼위일체 하나님을 뜻하고 있습니다. 표 2-6에 히브리어로 모양이라는 단어를 살펴보겠습니다.

표 2-6 "모양"의 히브리어 뜻

히브리어	뜻
צלמ (TSeLeM, 첼렘)	형상, 모양, 그림자, 우상숭배적인 형체 "בצלמנו(BeTSaLMeNu, 베짤메누) אדם(aDM,아담)"16) = A Man In Our Image = 우리의 형상 안에 한 사람

"모양"이란 말은 히브리어로 "첼렘"이며, "형상"이란 뜻도 있지만 "그림자"란 뜻도 있습니다. 이해를 돕고자 우리 주변에서 쉽게 볼 수 있는 그림자란 실제 존재하는 육체나 물체에 빛이 투영되어 나타나는 형체를 "그림자"라고 표현하고, "그늘"

16) Parallel Hebrew Old Testament, https://www.hebrewoldtestament.com/, 2008

이라고도 표현할 수 있습니다. 다시 말하면 하나님의 형상으로 지음 받은 사람은 하나님의 그림자 안에서 항상 같이 존재한다는 것입니다. 만약 하나님이 사람과 연합할 수 없다면 하나님의 그림자는 사람에게 그늘이 되어줄 수 없다는 의미로 설명할 수 있습니다. 그래서 사람의 생명의 터전은 하나님의 그늘 안에서 살아가는 존재입니다. 하나님의 그늘을 생명의 피난처로 기록하고 있는 성경구절을 찾아보겠습니다.

> "하나님이여 주의 인자하심이 어찌 그리 보배로우신지요. 인생이 주의 날개 그늘 아래 피하나이다."(시36:7)

> "지존자의 은밀한 곳에 거하는 자는 전능하신 자의 그늘 아래 거하리로다." (시91:1)

지금까지 설명한 생명의 터전을 역으로 설명해 해보겠습니다. 만약 풀과 채소 및 나무들이 땅에서 뽑히면 어떻게 되나요? 바로 죽지는 않지만 몇 시간 혹은 몇 일후 뿌리가 말라 반드시 죽게 됩니다. 땅에 사는 가축과 기는 것과 짐승들이 바다에 빠지면 하루도 지나기 전에 모두 죽을 것입니다. 새들은 어떻습니까? 새들이 공중에서 내려와 땅이나 바다에서 생활한다면 얼마 지나지 않아 잡혀 먹히든지 아니면 힘이 빠져 물에 빠져 죽게 될 것입니다. 다시 말하면 하나님이 정해 주신 삶의 근거지를 떠나면 죽게 된다는 증거입니다.

그럼 사람들의 삶의 터전은 어떻게 변했습니까? 먼저 아담과 하와의 삶을 마음속에 그려보기 바랍니다. 축복과 번성과 다스림 그리고 사람을 비롯한 모든 짐승들이 풀과 채소와 과실들을 먹을 양식으로 가득한 공간이기에 피 흘림이 없는 삶의 터전이었습니다. 더욱이 창조주 하나님과 대화하며 거닐며 생활했던 공간이었습니다. 다름아닌 하나님의 그늘 안에서 살아가는 영원한 생명의 터전이었습니다. 그러나 육신의 정욕과 눈에 보이는 정욕 그리고 하나님처럼 되고자하는 욕망이 아담과 하와의 생명의 호흡에 자리 잡게 되면서 하나님과 함께 거닐며 대화했던 삶의 터전인 하나님의 그늘 안에 함께 할 수 없게 된 것입니다. 그 결과 아담과 하와는 죽을 수밖에 없는 삶의 터전에서 살아가게 된 것입니다. 그 죽음이 있는 삶의 터전이 모든 인류에게 전해졌고 앞으로도 지속될 것입니다. 그 죽음을 피해보고 연장해보기 위해 모든 사람들은 목숨을 위하여 몸을 위하여 하루하루의 삶을 살아가고 있다고 말할 수 있습니다. 이러한 삶을 가리켜 성경은 "이 세상 풍속"이라고 말하고 있습니다. 결국 하나님의 그림자를 떠나 이 세상 풍속의 그림자 안에서 살아갈 때 우리는 늘 염려와 걱정이 우리의 삶의 그늘이 되고 있다는 사실이 증명됩니다.

"이는 세상에 있는 모든 것이 육신의 정욕과 안목의 정욕과 이생의 자랑이니 다 아버지께로 좇아 온 것이 아니요 세상으로 좇아 온 것이라."(요일 2:16)

하나님의 그늘 안에 거한다는 것은 창조의 질서가 회복되는 것이며, 사람들이 하나님의 형상으로 지음 받고 영원한 생명의 터전인 하나님의 그늘 안에서 다시 살아갈 수 있도록 회복되는 것입니다. 그 회복의 시작은 하나님의 그림자 안으로 돌아가는 것입니다. 그 길을 찾으려는 절실한 갈망의 씨앗을 마음에 뿌리는 것이 회복의 첫걸음입니다. 그 회복의 첫걸음을 옮길 때 하나님이 우리들의 육신과 눈에 보이는 것 이생의 자랑되는 것들을 하나님의 그늘 안으로 옮겨가게 할 것입니다. 하나님의 그늘 안에 있을 때 우리들은 하나님을 지각하는 생명의 호흡으로 살아가게 됩니다. 이 능력이 우리들의 노력과 열심히 아니라 하나님이 값없이 주시는 은혜입니다.

성경 속에서 은혜를 찾았던 믿음의 조상들이 있습니다. 많은 믿음의 조상들 중 노아와 기드온의 삶을 통하여 생명의 터전인 하나님 앞에 먼저 나가 은혜를 구하며 살았던 삶이 어떠했는지 살펴보겠습니다.

하나님의 은혜를 찾았던 노아

성경에 나오는 하나님의 사람들의 공통점은 하나님을 찾았던 갈급함이었습니다. 노아를 마음속에 그려보기 바랍니다. 노아시대에 사람의 죄가 어떠했는지 잘 말해 주는 부분이 있습니다.

"주님께서는, 사람의 죄악이 세상에 가득 차고, 마음에 생각하는 모든 계획이 언제나 악한 것뿐임을 보시고서 땅 위에 사람 지으셨음을 후회하시며 마음 아파 하셨다. 주님께서는 탄식하셨다. "내가 창조한 것이지만, 사람을 이 땅 위에서 쓸어버리겠다. 사람뿐 아니라, 짐승과 땅 위를 기어 다니는 것과 공중의 새까지 그렇게 하겠다. 그것들을 만든 것이 후회되는구나." (창 6:5-7)

"그러나 노아 만은 주님(여호와)께 은혜를 입었다." (창 6:8)

하나님께서 죄악이 세상에 가득함과 사람들의 생각이 악하다고 말씀하시고 모든 생명이 있는 피조물을 지면에서 쓸어버리겠다고 말씀합니다. 그런데 하나님의 진노 중에 "노아는 여호와의 은혜를 입었더라"는 말씀이 기록 되어 있습니다. 과연 이 말씀이 무엇을 말하는지 정확히 이해하기 위해서 표 2-7 를 참조하겠습니다.

표 2-7에서 비교 되듯이 새 번역 한글성경의 번역은 "하나님께서 노아에게 은혜를 주었다"라는 표현으로 해석 됩니다. 노아의 노력보다는 하나님이 노아에게 은혜를 주심으로 노아가 "은혜를 입었다" 즉 노아가 하나님으로부터 은혜를 받은 것처럼 쓰여 있습니다. 그러나 창세기 원문인 히브리어 성경과 영

어성경은 "*은혜를 찾았다*"고 기록하고 있습니다.

표 2-7. "노아 만은 주님께 은혜를 입었다" 히브리어, 영어, 한글성경 비교표

새 번역	NIV 영어성경	KJV 영어성경	히브리어 성경
그러나 노아 만은 주님(여호와)께 은혜를 입었다.	But Noah found favor in the eyes of the LORD 번역: 그러나 노아는 여호와의 눈 안에서 호의(은혜)를 찾았다	But Noah found grace in the eyes of the LORD 번역: 그러나 노아는 여호와의 눈 안에서 은혜를 찾았다	ונח מצא חן 바브(ו:Vav) 그러나 노아흐(נח:NoaCH),노아 마짜(מצא:MaTSa),찾다 헨(חן:CHeN), 은혜

"찾았다"라는 문자적인 뜻은 "현재 주변에 없는 것을 얻거나 사람을 만나려고 여기저기를 뒤지거나 살피다"는 뜻입니다[17]. 노아시대는 죄가 가득하고 죄 있는 사람들의 마음이 악할 뿐이라고 성경은 기록하고 있습니다. 노아는 하나님께 인정받은 사람이었습니다. 그러나 모든 사람들의 죄악을 보면서, 노아는 하나님의 진노가 임할 것을 알았고, 그분의 진노가 마침내 모든 사람을 지면에서 물로 쓸어버리겠다는 계획임을 알았습니다. 노아는 자신의 가족 8명을 제외한 모든 사람을 짐승과 더불어 다 홍수로 죽이겠다는 엄청난 하나님의 진노를 보았을 것입니다. 그러한 진노 중에 계시는 하나님으로부터 혹시나 진노를 거두실 생각은 없으신지, 아니면 노아와 가깝게 지냈던 친구나 혹은 주변 친척들이라도 구원할 수 있는 방법은 없는지, 하나님의 눈치를 보며 하나님의 긍휼을 찾고 살폈을 것입니다.

17) 국립국어원, https://www.korean.go.kr , 2020. 11.13

그때 노아가 밤낮으로 하나님의 말씀을 묵상하며 찾았던 것이 결국 하나님의 구원 계획을 발견한 것이었습니다. 하나님의 창조의 회복을 예비하심을 노아는 하나님의 눈에서 찾았습니다. 바로 하나님의 눈에서 십자가의 구원을 본 것 입니다. 그 증거의 말씀으로 그 다음 9절과 10절 말씀을 읽어보겠습니다.

갑자기 9절에 전혀 이어지지 않는 말씀이 기록되어 있습니다. 9절 "*이것이 노아의 족보니라*" 10절 "*세 아들을 낳았으니 셈과 함과 야벳이라*" 갑자기 노아의 족보 이야기가 나옵니다. 바로 셈을 통하여 아브라함, 이삭, 야곱, 다윗, 그리고 인류를 구원하실 예수님이 태어나기 때문입니다.

하나님의 은혜를 찾았던 기드온

다섯 번째 사사(재판관)인 기드온은 소심하지만 조상의 하나님이 전지전능하심을 아주 자세히 알았고 그분의 전능하심을 단 한 번도 잊어 본적이 없는 청년이었습니다. 그러나 하나님을 향한 믿음에 대해서는 불만이 가득찬 푸념을 할 때도 있었습니다. 잠시 기드온의 성품과 하나님을 향한 불만의 모습이 어떠했는지 성경말씀에서 찾아보겠습니다.

"이스라엘이 미디안으로 말미암아 궁핍함이 심한지라 이에 이스라엘 자손이 여호와께 부르짖었더라."(사6:6)

"기드온이 미디안 사람에게 알리지 아니하려 하여 밀을 포도주 틀에서 타작하더니, 여호와의 사자가 기드온에게 나타나 이르되, 큰 용사여 여호와께서 너와 함께 계시도다 하매, 기드온이 그에게 대답하되 오 나의 주여 여호와께서 우리와 함께 계시면 어찌하여 이 모든 일이 우리에게 일어 났나이까, 또 우리 조상들이 일찍이 우리에게 이르기를 여호와께서 우리를 애굽에서 올라오게 하신 것이 아니냐 한 그 모든 이적이 어디 있나이까, 이제 여호와께서 우리를 버리사 미디안의 손에 우리를 넘겨 주셨나이다 하니."(사6:11-13)

"여호와께서 그에게 이르시되 내가 반드시 너와 함께 하리니 네가 미디안 사람 치기를 한 사람을 치듯 하리라 하시니라. 기드온이 그에게 대답하되 만일 내가 주께 은혜를 얻었사오면 나와 말씀하신 이가 주 되시는 표징을 내게 보이소서."(사 6:16-17)

기드온은 사사로 부르심을 받았을 때의 시기는, 출애굽 이후 약 250여년이 지난 후였습니다. 위 사사기 6장의 기록된 말씀에서 나타나듯이 여호와 하나님이 이스라엘 백성을 애굽 땅에서 인도하시고, 하나님이 행하셨던 기적들이 사실이고 전능하신 여호와 하나님이 계신다면 왜 이스라엘 백성의 삶이 이토록 처참한가를 기드온이 여호와의 사자(Angel)에게 따지고 있는 것입니다. 기드온 자신도 추수한 곡식을 마당에서 타작하지 못하고 포도주 틀에서 타작 하면서 자신과 이스라엘 백성의 처지를 한탄하고 있습니다. 왜 한탄이 나올까요? 불가능을 가능케 한 전능하신 여호와 하나님이 이스라엘 백성과 함께 하신다고 하는데 약탈당하고 폭행당해도 아무 말 못하는 신세가 너무 처량해서 여호와의 사자에게 따지는 것입니다. 그러자 여호와 하나님이 직접 기드온에게 말씀하십니다. "*내가 반드시 너와 함께 하리니 네가 미디안 사람 치기를 한 사람을 치듯 하리라*" 그러자 기드온이 마지막으로 묻습니다. "*내가 주께 은혜를 얻었사오면 나와 말씀하신이가 주되시는 표징을 내게 보이소서*" 라고 하나님께 여쭙니다(표 2-8 참조).

표 2-8에서 비교 되듯이 개역개정 성경의 번역은 "은*혜를 얻었사오면*"이라고 번역되었고, 히브리어 성경과 다른 영어성경은 "*은혜를 찾았다*"라고 기록 하고 있습니다.

표 2-8 "내가 주께 은혜를 얻었사오면" 히브리어, 영어, 한글성경 비교표

개역개정	NIV 영어성경	KJV 영어성경	히브리어 성경
내가 주께 은혜를 얻었사오면	If now I have found favor in your eyes, 번역: 이제 내가 주의 눈에서 은혜를 찾았다면,	If now I have found grace in thy sight 번역: 이제 내가 주의 보는 앞에서 은혜를 찾았다면,	נא מצאתי חן - 나아(נא:Na) 이제 - 마짜티(מצאתי:MaTSaTi) 내가 찾아왔다 - 헨(חן:CHeN), 은혜

기드온은 어렸을 때부터 하나님이 어떤 분인가 부모님과 주위 사람들로부터 수 없이 많이 들었기에 하나님의 전능하심을 잘 알았고, 그 전지전능하신 하나님을 믿었습니다. 그런데 고통당하는 이스라엘 백성을 보니 하나님이 살아 계심에 대한 회의를 느끼게 된 것입니다. 단순히 미디안의 식민지로 체념하며 살아가는 것이 아니라, 하나님의 백성인데 어찌 이런 일이 일어날 수 있냐고 여호와의 사자에게 따지는 것입니다. 하나님을 믿지 않는 불신앙이 아니라 하나님을 향한 갈급함으로 하나님을 기다리고 있는 기드온을 발견할 수 있습니다. 노아도 죄악이 온 땅에 점점 더 퍼져나갈 때 창조주 하나님이며 조상들이 믿었던 하나님을 더더욱 갈급하며 그분의 은혜를 찾았던 것입니다. 그때 노아를 만나주신 하나님이 기드온을 만나주신 것입니다. 그 만남의 확증이 "*여호와의 눈에서 하나님의 은혜를 찾았다*"라는 믿음의 고백이며 노아와 기드온은 하나님의 눈이 자신들을 항상 지켜보고 떠나지 않았음을 깨닫게 된 것입니다.

생명의 근원되신 여호와 하나님을 찾기 바랍니다. 성경은 우리들에게 말씀하고 있습니다. "*너는 내게 부르짖으라 내가 네게 응답하겠고 네가 알지 못하는 크고 은밀한 일을 네게 보이리라*"(렘 33:6). 우리가 간절히 찾을 때 하나님이 응답하고 은밀한 계획을 보인다고 말씀하십니다. 힘들고 사방을 둘러봐도 도움이 없을 때 지금 하나님께 달려가 부르짖고 찾기 바랍니다. 그럼 하나님이 응답하겠다고 약속하십니다. 이 약속의 말씀을 붙들기 바랍니다.

끝으로 말라기 3장 금을 연단하는 금 세공장이의 모습을 통하여 하나님의 눈에서 은혜를 발견하기 바랍니다. 다음 소개될 글은 제가 17년간 근무하고 한국으로 떠나 올 때 미국 리치몬드시청에서 같이 일했던 동료로부터 받은 편지에 쓰여 진 글을 같이 나누며 하나님이 우리를 향한 은혜가 얼마나 크고 늘 우리를 붙들고 계심을 깨닫고 마음속에 새기길 원합니다.

금 세공장이의 눈으로 우리를 바라보시는 하나님

하나님의 눈에서 은혜를 찾았다는 뜻을 이해하기 위해 말라기 3장 3절 금 세공자로 표현되신 하나님이 어떤 분인가 살펴보겠습니다.

> "그가 임하시는 날을 누가 능히 당하며 그가 나타나는 때에 누가 능히 서리요 그는 금을 연단하는 자의 불과 표백하는 자의 잿물과 같을 것이라. 그가 은을 연단하여 깨끗하게 하는 자 같이 앉아서 레위 자손을 깨끗하게 하되 금, 은 같이 그들을 연단하리니 그들이 공의로운 제물을 나 여호와께 바칠 것이라."(말 3:2-3)

(작가 미상의 글)

『말라기서를 공부하는 어느 여성 성경 공부반이 있습니다. 그 모임 사람들이 말라기 3장을 공부하는데 3절 "*그가 은을*

연단하여 깨끗케 하는 자 같이 앉아서"라는 구절에서 멈추게 되었습니다. 이 구절이 성경공부 모임 사람들에게 수수께끼로 다가왔고 그들은 과연 이 구절이 하나님의 성품과 속성에 대해 무엇을 의미하는지 궁금해 하였습니다.

한 여성이 은을 정제하는 과정을 알아보기로 하고 다음 성경공부 모임 때 설명해주겠다고 제안하였습니다. 그 주간에 이 여성은 은 세공인에게 전화를 걸어 그가 일하는 직장을 방문하여 은 세공과정을 살펴보기로 약속을 잡았습니다.

그녀는 은을 정제하는 과정에 대한 호기심을 넘어 그녀의 진정한 관심에 대해 언급하지 않았습니다. 그녀가 일하고 있는 세공인을 바라볼 때, 은 세공인은 은 한 조각을 잡고서 화로에 불을 붙이고 불의 온도를 가열하기 시작하였습니다. 은세공인은 은을 정제 할 때 은의 모든 불순물을 태워 없애기 위해 불의 온도가 가장 뜨거운 중앙에 은 조각을 집어넣어야 한다고 설명하였습니다.

그 여인은 그 뜨거운 곳에서 우리를 꼭 붙들고 계시는 하나님의 모습을 생각하면서 "*그가 은을 연단하여 깨끗케 하는 자 같이 앉아서*"라는 말라기서 구절을 다시금 떠올리게 되었습니다. 그녀는 은 세공인에게 은이 정제되는 내내 뜨거운 불앞에서 앉아 있어야만 하냐고 물었습니다. 그 세공인은 "그럼요"라고 대답하면서, 그 은을 붙들고 앉아있을 뿐만 아니라 은이 정련되는 모든 시간동안 그 불에서 눈을 절대 떼면 안 된다고 덧 붙였습니다. 만약 은이 불 가운데 너무 오래 있으면 녹아 없어지기 때문이라고 그 여인에게 말해주었습니다.

그 여인은 잠시 침묵하였습니다. 그런 다음 그 여인은 은 세공인에게 다시 질문 하였습니다. "어떻게 그 은이 완전히 정제되었는지 알 수 있나요?" 그 세공인은 미소를 지으며 대답하였습니다. "오 그거요, 아주 쉬워요. 내가 나의 형상을 그 은에서 보는 순간입니다.』

하나님은 금 세공장이의 모습으로 금의 불순물을 태워 없애기 위해 뜨거운 불 앞에서 순금으로 정련되는 금을 바라보시는 모습처럼, 믿음의 사람들이 고통 속에 있을 때 함께하시며 한 순간도 눈을 깜박이지 않고 우리들의 고난과 함께 하심을 기억하기 바랍니다. 고난은 연단을 연단은 인내를 인내는 소망을 소망은 생명의 근원인 하나님을 눈으로 보는 것 과 같이 대면할 수 있는 길이기 때문이다. 그 길이 고통스럽지만 하나님은 그 고난을 허락하십니다. 생명의 주관자이신 하나님이 우리들의 모든 형편과 성품을 머리털을 새는 것처럼 알기에 우리들이 고난으로부터 피할 길을 예비해놓으실 뿐 아니라 정금과 같은 흠 없는 하나님의 사람으로 다시 태어나길 원하십니다.

2장 하나님으로부터 분리된 삶

·

·

·

하나님은 왜 죽음이 무엇인지도 모르는 아담과 하와에게 선악과 나무를 보여주며 "*먹는 날에는 반드시 죽는다*" 라고 말씀하셨을까요? 죽음을 가져다주는 나무이기에 먹지 말라는 경고에 그치는 것일까요? 아닙니다. 선악과 나무를 통하여 하나님이 축복과 사랑과 생명의 근원되심을 기억하라는 것이었습니다. 하나님이 아담에게 불어 넣으신 생명의 숨은 완전하고 인격적인 지혜인 동시에 정신이었으며 자율적으로 생각하고 판단하고 결정하는 능력까지 포함하는 인격체였습니다. 그러한 지혜로 모든 짐승의 이름을 지었으며 완벽한 에덴동산을 다스릴 수 있었습니다.

그리고 선악과 나무는 하나님의 존재를 늘 기억하라는 하나님을 향한 경외의 나무였습니다. 그러나 뱀의 유혹으로 아담과 그 아내 하와가 선악과를 먹은 결과 처음 느껴보는 벌거벗었음에 대한 부끄러움과 하나님에 대한 두려움에 사로잡힙니다. 그 두려움 때문에 하나님을 피하여 숨게 됩니다. 그리고 하나님이 먹지 말라한 선악과를 먹은 불순종의 결과가 하나님과 함께 할 수 없게 된 것입니다. 이것이 하나님과 분리된 삶이고 성경은 죄 라고 말하고 있습니다.

2-1 하나님의 속성

하나님과 분리된 삶이 무엇이고, 죄가 무엇인지, 이해하기 위해 먼저 하나님의 속성을 살펴보겠습니다. 제가 미국 한인교회에서 주일학교 교사 시절 때 초등생부터 청년에 이르기까지 다음과 같은 질문을 했습니다. 하나님을 생각하면 어떤 모습이 먼저 떠오르는지 대답해 보라는 질문이었습니다. 대답은 다양하고 대부분 성경을 근거로 한 답변들이었습니다. "창조주(Creator)하나님, 무소부재(Omnipresent)하나님, 전지하신(Omniscient)하나님, 전능하신(Omnipotent)하나님, 스스로 계시는(self-existent)하나님, 삼위일체(Trinity)하나님, 영원하신(Eternal)하나님, 공의의 하나님(God of Justice), 사랑의 하나님(God of Love), 신실하신(Faithful) 하나님, 변치 않는(Unchanging) 하나님, 거룩하신(Holy)하나님, 두려움의(Fear) 하나님"등 많은 대답들이 있었습니다.

위에 열거된 하나님에 대한 표현들이 성경에 나오는 하나님의 속성들입니다. 이러한 하나님의 속성을 사람의 지식과 경험으로는 설명할 수 없지만, 많은 하나님의 속성들 중 "사랑의 하나님"과 "공의의 하나님"에 대한 속성만큼은 꼭 이해해야 하나님과의 분리 그리고 죄에 대한 정확한 이해를 할 수 있습니다. 하나님의 사랑을 크게 두 가지로 정리해 볼 수 있습니다. 하나는 "가려주는 사랑" 다른 하나는 "대신 값을 치러주는 사랑"입니다.

사랑의 하나님

① 허물을 가려주시는 사랑의 하나님

아담과 하와가 먹지 말라는 선악과를 따먹고 그들의 눈이 밝아 자기들의 몸이 벗은 줄 알고 무화과나무 잎을 엮어 치마를 만들어 입습니다. 선악과를 먹기 전 까지는 아담과 하와는 벌거벗었으나 부끄러움도 수치도 몰랐습니다. 그런데 하나님이 먹지 말라한 선악과를 뱀의 유혹으로 먹게 됨으로 그들의 마음에 단 한 번도 느껴보지 못한 감정을 느끼게 된 것이 부끄러움입니다. 아담과 하와는 그들이 벗은 줄 알고 부끄러워 무화과 잎으로 치마를 만들어 입습니다. 그리고 두려움이 엄습합니다. 왜냐하면 하나님이 하지 말라 명한 것을 어겼기 때문입니다. 이것이 하나님에 대한 최초의 불순종이었습니다. 그 불순종으로 말미암아 부끄러움과 두려움을 알게 되고, 그 결과 하나님을 피해서 숨습니다. 이것이 하나님과 분리됨의 시작이며 죄의 시작입니다. 이러한 죄 중에 있던 아담과 하와에게 하나님은 가죽옷을 만들어 입히고 아담과 하와의 허물을 가려주신 것입니다.

> "여호와 하나님이 아담과 그 아내를 위하여 가죽옷을 지어 입히시니라."(창 3;21)

> "허물의 사함을 얻고 그 죄의 가리움을 받은 자는 복이 있도다."(시편 32:1)

아담 한 사람의 불순종으로 말미암아 죄가 들어오고 하나님과 분리될 수밖에 없는 아담과 하와에게 하나님은 먼저 다가오셔서 벌거벗은 수치를 가려주기 위해 짐승의 가죽으로 하체만 가리는 치마가 아니라 가죽 코트 (Coats of Skins)를 만들어 입힌 것입니다. 죄로 인해 하나님께 다가갈 수 없는 아담과 하와를 위해 짐승의 피를 흘림으로 아담과 하와의 죄를 가려 주기위해 먼저 다가가는 하나님의 모습입니다. 창조 이후 처음으로 피를 흘렸음을 암시해 주는 기록입니다. 누구를 위해 짐승의 피를 흘려야만 했을까요? 바로 하나님의 형상으로 지음 받은 아담과 하와가 불순종으로 지은 죄로 인한 부끄러움을 가려주기 위해 하나님은 가족코트를 만들려고 살찌고 큰 짐승을 죽인 것입니다. 이 모습이 아담의 죄로 인한 부끄러움을 가려주는 하나님의 사랑입니다.

② 죄의 값을 지불하신 사랑의 하나님

또 하나의 하나님의 사랑은 대신 값을 지불하는 것입니다. 한글개역번역 구약성경에 대신 값을 지불한다는 뜻에 "구속" "대속" "속량" 이라는 말을 자주 언급하고 있습니다. 각각의 단어의 사전적 의미를 살펴보겠습니다[18].

---

18) Daum 사전, https://dic.daum.net

"구속(救贖)": "예수가 십자가에 못 박혀 인류의 죄를 대속함으로써 인류를 구원함."

"대속(代贖)": ① 남의 죄를 대신하여 받음. ② 예수가 십자가에 못 박혀 죽음으로써 그 흘린 피로 만민의 죄를 대신 씻어 구원한 일

"속량(贖良)": ① 몸값을 받고 종을 놓아주어 양민이 되게 함. ② 예수가 인류의 죄를 대신하여 십자가에 못 박혀 죽음으로써 대속한 행위. ③ 남의 근심과 고난을 대신하여 받음

위 단어들을 사용하는데 있어 약간의 차이가 있겠지만, 모두 같은 의미로 쓰이고 있습니다. NIV(New International Version)와 KJV(King James Version) 영어성경에는 Redeem(동사: 상환하다, 갚다), 혹은 Redemption(명사: 상환, 변제, 구원, 속죄)으로 번역되어 있습니다. 성경적인 의미로 정리해보면, 예수님께서 우리의 죄 값을 대신 담당하고 십자가에 못 박혀 피 흘림의 죽음으로 우리를 구원 하셨다"라는 의미입니다.

히브리어로 살펴보겠습니다(표 2-9 참조). 동사로 "속량하다" "무르다" "구원하다" "건져내다" 혹은 명사로 "속량" "기업 무를자" "대속자" 로 쓰이는 히브리어는 גאל (GaaL, 가알) 입니다. 의미를 풀어보면 빚진 사람이 빚을 갚지 못하여 대신 노예 되었을 때 누군가 그 빚을 노예의 주인에게 완전히 갚아줌으로 그 노예를 자유롭게 해방시켜주는 뜻에서 "가알"이란

동사 혹은 명사로 사용합니다. 현대인 성경에는 "구속"이라는 단어 대신에 "구원"이란 단어를 사용하고 있습니다. 원문인 히브리어의 "구원하다" "건져내다"라는 동사는 ישע(YaSHa, 야샤)입니다. 명사로는 ישע(YeSHa, 예샤)로 발음하고 뜻은 "구원자" 또는 "구원"입니다. 이사야서를 기록한 선지자 "이사야" (ישעיה)의 이름이 "야샤"(ישע)에서 유래된 단어로서, ישעיה(YeSHaYaH, 예샤야) 고유명사로 "여호와의 구원" 또는 "이사야" 선지자의 이름입니다. 또한 "여호수아"(יהושע, YeHoSHuWa)와 "예슈아"(ישוע, YeSHua, 예수) 뜻은 "구원" 혹은 "그가 구원 하신다"라는 뜻이고 물론 "야사"라는 히브리어에서 유래된 것입니다. 표 2-9에서 정리해보겠습니다.

표 2-9 히브리어로 살펴본 "구속" "대속" "속량"[19)]

히브리어	발음	뜻
גאל	GaaL(가알)	구원하다, 속량하다, 무르다, 건져내다, 기업무를자, 대속자
ישע	YaSHa(야샤)	구원하다, 건져내다
ישעיה	YeSHaYaH(예샤야)	이사야, 여호와의 구원 이샤야=여호수아=예수=구원

"구속" "대속" "속량" 이라는 히브리어에 예수님의 이름에 대한 비밀을 발견 할 수 있습니다. 우리를 속량하기 위해 손과 발에 못 박혀 죽은 분이 예수님 입니다. 우리가 하나님을 부를 때 "여호와 하나님" 혹은 "야훼 하나님"이라 부릅니다. 여

19) 히브리어 사전, 스트롱코드, 개역개정 4판, 2010년 2월 5일

호와를 히브리어로 발음하면 "야훼"(יהוה, YaHWeH) 입니다. 자음 글자 하나 하나 풀어보면 "Y(י:요드, 손)" "H(ה: 헤이, 보라)" "V/W(ו: 바브/와우, 못)" "H(ה:헤이, 보라)"로 발음 됩니다. "야훼"라는 히브리어 단어를 해석하면, "손을 보라" "못을 보라"입니다. 즉 "손에 못 박히신 분을 보라" 그 분이 예수님이신 야훼 하나님이라는 확증이 히브리어를 통해 알 수 있습니다.(표 2-10 참조)

표 2-10 히브리어로 살펴보는 "야훼"

יהוה (야훼 = 여호와) 주(LORD)[20]					
히브리 자음	소리	발음	고대 히브리어	뜻	해석
י	Y	요드		손, 일하다	손을 보라 못을 보라 바로 예수님을 가리키고 있습니다.
ה	H	헤		보라, 나타내다	
ו	V	바브		못, 갈고리	
ה	H	헤		보라, 나타내다	

가끔씩 우리 주변에서도 상대방의 금전적 빚을 값아 주는 사람을 찾는 것은 그리 어렵지 않습니다. 상대방의 범법 행위를 대신 짊어지고 감옥에 가는 일도 가끔은 있을 수 있습니다. 또한 전쟁터에서 다른 전우들을 위해 목숨을 버리는 일과 자기 가족을 위해 죽는 경우도 간혹 있습니다. 그러나 마땅히 죽어

20) 주 = LORD를 대문자로 쓸때는 여호와 하나님을 뜻하고, 주 = Lord 로 쓸때는 예수 그리스도를 뜻한다

야할 죄인을 위해 죽는 사람은 없습니다. 그런데 죄인을 위해 죽은 분이 계십니다. 사람의 몸으로 이 땅에 오셔서 우리의 죄값을 대신 갚아주시려 오신 분이 계십니다. 바로 그 분이 예수 그리스도입니다. (예수 그리스도는 제 3부에서 자세히 다루겠습니다)

"의인을 위하여 죽는 자가 쉽지 않고 선인을 위하여 용감히 죽는 자가 혹 있거니와 우리가 아직 죄인 되었을 때에 그리스도께서 우리를 위하여 죽으심으로 하나님께서 우리에게 대한 자기의 사랑을 확증하셨느니라."(롬 5:7-8)

만약 아담과 하와가 죄로 인한 죽음으로 끝이라면 하나님의 말씀인 성경은 창세기 3장 24절 "*이같이 하나님이 그 사람을 쫓아내고 에덴 동산 동쪽에 그룹들과 두루 도는 불 칼을 두어 생명나무의 길을 지키게 하시니라.*" 하시며 끝나야 합니다. 그러나 성경은 구약 39권과 신약 27권으로 되어있습니다.

모세가 창세기를 쓰기 시작하여 예수의 제자 요한이 요한계시록을 기록한 성경은 단 한번 도 변하지 않은 하나님 말씀입니다. 육일(6) 동안이 천지창조를 마치고 칠 일(7)째 쉬셨던 하나님이 죄로 인해 하나님으로부터 분리된 인간의 구원을 위해 오늘도 쉬지 않고 일하는 살아계신 하나님을 깨달아야 합니다. 그리고 하나님은 천지창조를 다 마치고 "*보시기에 심히 좋았더*

라" 하신 기쁨을 회복하는 길은 우리가 다시 하나님과 하나 되는 것입니다. 창세기 4장부터 말씀의 가장 큰 외침의 소리는 "하나님께 돌아가라"입니다. 히브리어로 "돌아가다"를 שוב (SHuWB, 슈브) 라는 단어를 씁니다. 뜻은 "방향을 돌리다" "돌이키다" "돌아가다"입니다. 즉 우리가 지금 살아가는 삶의 방향을 180도 돌이켜 되돌아간다는 의미입니다. 생명의 근원되신 하나님과 분리되어 살았던 우리의 삶을 돌이켜 다시 생명의 근원인 하나님께 돌아가라는 의미로서 창조의 회복을 말씀하고 계십니다. 우리말로 번역하면 "회개하다"이고, 영어로 "Repent" (돌아가다, 회개하다)이며, 히브리어 "שוב(슈브)"입니다. 표 2-11에서 슈브의 각각의 자음의 의미를 자세히 살펴보도록 하겠습니다.

표 2-11 히브리어 "שוב(슈브)" 속에 숨겨진 우리 죄를 대속해주신 하나님[21)]

히브리 자음	발음	뜻	해석
ש	Shin (쉰)	이빨, 삼키다, 소멸하다 "에쉬(אש)"는 "불" "태우다" 라는 뜻이 있습니다. 신명기 4장 24절 "네 하나님 여호와는 소멸하시는 불이시오" 여기서 "소멸하시는 불"이 에쉬(אש)입니다.	ב ו ש(슈브)라는 단어 중간에 ו(못) 있습니다. 하나님과 이 땅에서 살아가는 우리를 연결해 주는 것이 못입니다. 즉 십자가에 못 박혀 죽음을 상징하고 있습니다.
ו	Vav/Waw (바브/와우)	못	
ב	Beit(베이트)	집	

21) 히브리어 사전, 스트롱코드, 개역개정 4판, 2010년 2월 5일

שוב(슈브)라는 단어에서 우리 죄를 대속하기 위해 십자가에 못(ו) 박혀 피 흘려 죽음으로 하나님께 나아갈 수 있는 길을 열어 주신 예수 그리스도를 통하여 하나님의 대속의 사랑을 알 수 있습니다.

공의의 하나님

토기장이는 그릇을 잘못 만들거나 흠이 있으면 다시 만들게 되지만 하나님은 육일 동안 매일 말씀으로 "*이르시되 천지를 창조하시고 모든 생명체와 사람을 만드시고 보시기에 좋았더라*" 말씀 하셨습니다. 그런데 둘째 날을 주목하기 바랍니다.

> "하나님이 이르시되 물 가운데 궁창이 있어 물과 물로 나뉘게 하리라 하시고 하나님이 궁창을 만드사 궁창 아래의 물과 궁창 위의 물로 나뉘게 하시매 그대로 되니라. 하나님이 궁창을 하늘이라 칭하시니라 저녁이 되며 아침이 되니 이는 둘째 날이니라." (창1: 6-7)

이 구절에는 "*보시기에 좋았더라*"는 기록이 없습니다. 깊이 묵상해보면 노아의 홍수 심판과 연관이 있습니다. 하나님은 노아시대에 죄가 세상에 관영하여 땅위에 사람을 지었음을 한탄하시고 근심하시고 물로 모든 생명체를 다 죽이기로 계획하십니다.

"그 날에 큰 깊음의 샘들이 터지며 하늘의 창문들이 열려 사십 주야를 비가 땅에 쏟아졌더라."(창 7:11-12)

둘째 날 창조하신 두 개의 물과 물로 나뉘게 한 창조의 결과로 땅 위의 모든 생명체가 다 죽을 것을 알고 계셨습니다. 아담 때부터 약 1600여년 후의 일을 아시고 "*보시기에 좋았더라*"라는 말씀을 할 수 없었습니다. 둘째 날 창조를 마치고 하나님은 참담함을 느꼈을 것입니다. 그러나 창조의 역사가 다시 시작한 것이 아니고, 셋째 날의 창조는 계속 진행되었습니다. 왜냐하면 하나님은 공평과 공의의 하나님이기 때문입니다. 아무리 사랑하는 사람이라 할지라도 죄가 있으면 반드시 심판해야 하고, 8명을 뺀 모든 사람이 죄로 인해 죽을 지라도 하나님의 심판은 말씀대로 이루어지기 때문입니다. 사랑이 많은 하나님일지라도 공의의 하나님의 속성이 죄와 함께 할 수 없기 때문입니다.

하나님의 사랑과 공의는 동전의 양면과 같습니다.

마치 죄를 보면 반드시 심판해야하는 공의의 하나님이지만 사랑의 하나님이기에 심판으로부터 구원의 길을 예비하는 분이기도 합니다. 이와 같은 공의의 하나님 속성 때문에 사람은 죄 있는 모습으로 하나님과 함께 할 수 없습니다.

2-2 하나님과 분리된 삶

앞에서 살펴본 것처럼 하나님의 속성들이 많이 있지만 그 중에 사랑과 공의의 하나님에 대한 속성을 살펴보았습니다. 창세기 2장을 자세히 읽어 보면 하나님의 사랑과 공의를 동시에 포함하고 있는 나무가 있습니다. 바로 선과 악을 알게 하는 나무입니다.

하나님은 아담과 하와에게 "생기" 즉 생명의 숨을 불어 넣어 완전한 지혜 있고 인격이 있는 살아있는 영혼(Living Soul)으로 지으시고 모든 피조물을 창조한 후 아담에게 다스리라고 맡겼습니다. 결국 아담은 피조물을 다스리고 관리하는 청지기가 된 것입니다. 그러나 사람의 본질이 흙이라는 것을 잘 아는 하나님은 아담과 하와에게 한 가지 조건을 제시합니다. "모*든 실과는 너희가 마음대로 먹되 오직 동산 중앙에 있는 선과 악을 알게 하는 나무의 실과는 먹지 말라*"하고 만약 먹는 날에는 반드시 죽는다고 엄히 말씀하십니다. 하나님은 왜 죽음이 무엇인지 모르는 아담과 하와에게 선악과 나무를 보여주며 "*먹는 날에는 반드시 죽는다*"라고 말씀 하셨을까요? 죽음을 가져다주는 나무이기에 먹지 말라는 경고에 그치는 것일까요? 아닙니다. 선악과 나무를 통하여 하나님이 축복과 사랑과 생명의 근원되심을 항상 기억하라는 것입니다. 하나님이 아담에게 불어 넣으신 생명의 숨은 완전하고 인격적인 지혜인 동시에 정신이었으며 자율적으로 생각하고 판단하고 결정하는 능력까지 포함하는 인격체였습니다. 그러한 지혜로 모든 짐승의 이름을 지었으며 완벽한 에덴의 공간을 다스릴 수 있었던 것입니다. 그리고 에덴동산의 중앙에 선악과 나무를 심어놓고 하나님의 존재를 늘 기억하라는 하나님을 향한 경외의 나무였지만, 뱀의 유혹으로 아담과 그 아내 하와가 선악과를 먹음으로 부끄러움과 두려움에 사로잡히게 됩니다. 창조주와 피조물 그리고 주변 환경은 변하지 않았습니다. 그러나 아담과 하와가 하나님을 바라보는 마음의 중심이 변하게 된 것입니다. 하나님이 불어넣어주신 생명의 숨, 즉 느끼고 지각하고 생각하는 지혜가 하나님에 대한 불순종을 범하게 된 것을 아담과 하와가 깨닫게 된 사실입니다. 그 결과 단 한 번도 느껴보지 못한 벌거벗음의 부끄러움과 하나님에 대한 두려움을 경험하게 됩니다. 이러한 두려움으로 인해 하나님의 낯을 피해 숨게 되고 결국 아담과 하와는 하나님과 연합 할 수 없는 분리된 삶이 시작됩니다. 이것이 죄라고 성경은 말하고 있습니다.

우리의 삶을 잠시 돌이켜 보겠습니다. 좋은 것으로 가득차고 부족함이 없다고 생각할 때 우리들은 무엇을 생각하게 되나요? 하나님을 생각하나요? 그런 분들도 많지만, 그렇지 않은 분들이 더 많습니다. 사람은 풍부하고 가진 것이 많을 때 높아지고 싶은 욕망과 육체적 쾌락의 욕망에 대한 유혹의 씨앗이 마음속에 심겨집니다. 그리고 이러한 유혹의 씨앗이 자리를 잡고 서서히 자랄 때 누군가 탐심과 정욕을 좇는 유혹의 말로 다가오면 죄를 범하게 하는 세상의 풍속을 좇는 눈으로 바뀌어 가는

게 사람의 본질입니다. 왜냐하면 사람의 본질이 흙에서 시작하였기 때문입니다. 지금부터 약 3000년 전 다윗의 고백이 성경에 기록되어 있습니다.

> "이는 저가 우리의 체질을 아시며 우리가 진토(흙)임을 기억하심이로다. 인생은 그 날이 풀과 같으며 그 영화가 들의 꽃과 같도다."(시103:14-15)

시편기자인 다윗이 고백하는 것처럼 하나님은 사람이 흙임을 아시며 우리의 인생은 아침에 잠깐 있다가 사라지는 이슬과 들의 핀 꽃처럼 잠시 피었다가 시들어지는 존재라는 것을 고백하고 있습니다. 흙이 본질과 형태가 무엇입니까? 혼돈, 공허와 흑암입니다. 흙으로 지음 받은 사람은 하나님이 불어넣으신 생명 즉 지혜의 호흡으로 하나님을 창조주로 인정하며 살아갈 때 축복과 모든 피조물을 다스리는 청지기 역할을 하나님과 연합하여 감당할 수 있도록 지음 받았습니다. 그런데 유혹의 눈이 밝아지면 어떻게 되나요? 바로 최고가 되고 싶어지는 마음, 창조주의 자리에 앉고 싶어지는 마음입니다. 눈에 보이는 욕심과 정욕과 자랑되는 세상의 것으로 채워보고 싶어지는 마음입니다. 그 유혹이 하나님처럼 된다는 유혹이었습니다. 이 세상을 쫓는 풍습들로 비유해 볼 때 돈, 명예, 권력, 직장, 재산 등 이러한 것들이 우리 삶의 최우선의 중심으로 자리 잡을 때 사람들은 하나님이 주인 됨을 잊게 됩니다. 그 망각의 시작이 바로 육신의 정욕, 안목의 정욕 그리고 이생의 자랑되는 것을 추구하는 유혹이 사람들의 주인 되어 살아가게 되며, 그러한 삶이 하나님과 분리된 삶이며 "정녕 죽으리라"는 하나님의 단호한 경고였습니다. 그러나 돈, 명예, 권력, 직장, 재산 등을 바라볼 때마다 하나님을 생각하고 하나님 앞에 나아가 엎드리며 하나님이 주인 됨을 기억하고 살아갈때, 우리들의 삶은 하나님의 은혜와 축복으로 계속 덧입혀져 살아가는 것입니다. 이제 선악과는 우리들에게 어떻게 다가오는지요? 순종으로 인한 선(Godly goodness)과 사랑의 생명 나무인지요? 아니면 불순종으로 인한 악(Ungodly badness) 과 죽음의 나무인지요?

그런데 아담과 그 아내 하와가 선택한 선악과는 불순종으로 인한 악과 죽음에 이르게 하는 나무가 된 것입니다. 이것이 죄이며 죄로 인해 하나님과 연합할 수 없고 하나님과 분리된 삶을 살아가게 된 것입니다.

질문하겠습니다. 죄가 무엇이며, 무엇을 죄라고 말하는지, 그리고 그 죄의 대한 결과는 무엇인지, 구체적으로 생각해보셨는지요? 단순히 이 세상의 성문화된 법과 규칙 그리고 제도를 어긴 범법 행위만을 죄라고 규정하는 것인지? 아니면 그러한 범법 행위를 포함하여 전통과 풍습 그리고 양심에 벗어나는 말과 행위까지도 죄라고 하는 것인지? 그럼 죄는 어떻게 사람과 이 세상에 들어 왔는지? 다음 장에서 구체적으로 살펴보겠습니다.

3장 죄는 무엇인가?

·

·

·

첫 사람 아담의 불순종으로 인해 죄가 사람에게 들어오고, 결국 그 생명의 호흡(네샤마 하임)이 죄로 인해 붙들림 받은 삶을 살아가게 되는 것이 죄에 붙들림 받은 삶이 되며 하나님을 떠난 삶입니다. 그 죄의 속성이 항상 우리 안에 있는 생명의 호흡을 주장하고 있기 때문에, 사람은 죄를 지을 준비가 되어 있는 것입니다. 죄를 짓느냐? 안 짓느냐가? 아니라 죄를 들키느냐? 들키지 않느냐? 에 대한 변질된 양심을 가지고 이 세상의 풍속을 쫓을 뿐입니다. 죄를 나뭇잎으로 비유 할 때 움이 트고 나뭇잎이 완전히 자라서 떨어지고 다시 움이 트고 자라나는 것을 반복 하는 것처럼, 사람은 악한 행위에 대한 뉘우침을 한 후 또 시간이 지나면 같은 악한 행위를 반복하며 살아가는 모습이 우리들의 참 모습입니다. 사람에게 불어 넣어준 생명의 지혜가 악에게 사로잡히는 순간, 사람의 지혜는 죄를 어떻게 숨기는 것에 늘 초점을 맞추고 있을 뿐입니다. 단지 악의 속성들이 우리 안에서 조금씩 자라다가 악한 생각으로 가득 찰 때 행위나 혹은 표현들이 밖으루 나타나는 것이 죄의 형상일 뿐입니다. 뉴스에서나 볼 수 있는 살인범, 강간범, 도둑, 사기범 등은 마치 남의 일처럼 생각하지만, 우리들도 그 상황에 처하게 되면 언제, 어디서, 어떤 모양의 죄의 형태들이 내안으로부터 들춰날 것인가 늘 깨어 자신의 연약함을 인정하며, 죄라는 실체가 나 자신의 생명의 지혜를 주장한다는 것을 깨달아야 합니다. 우리자신의 의지나 능력으로 죄에 대한 동기를 막을 수 없습니다. 왜냐하면 죄를 주장하는 것이 악한 영(Evil Spirit)이기 때문입니다.

3-1 죄에 대한 올바른 인식

위의 여러 장에서 "죄" "불순종" "하나님과의 분리" 라는 말을 여러 번 사용 했습니다. 불순종은 이해할 수 있는데, 과연 "죄" 와 "하나님과의 분리" 사이의 무슨 관계가 있을까? "죄"는 구체적으로 무엇인가? 먼저 죄에 대한 올바른 인식이 우선돼야 합니다.

누군가 "당신은 하나님과 분리 되었습니다" "당신은 죄인입니다"라고 말 하면 뭐라 대답하시겠습니까? 아마 무슨 정신 나간 질문인가 생각할 것입니다. "남에게 피해 안주고 내 가족을 위해 열심히 살고 있는데, 무슨 정신 나간 소리를 하고 있어" 라고 혼자말로 속삭일 것입니다.

사전적 의미에서 죄란? "규범이나 윤리에 어긋나거나 반하는 행위"[22] 라고 쓰여 있습니다. 혹은 "양심이나 도의에 벗어난 행위, 법을 어기는 행위, 잘못이나 허물로 인한 벌"[23] 이라 정의 하고 있습니다. 모든 사람이 직•간접적으로 경험한 잘못된 행위를 죄라고 말할 때, 세상에는 두 종류의 사람으로 표현할 수 있습니다. 죄를 지은 사람과 죄를 짓지 않은 사람이 아니라, 죄를 들킨 자와 들키지 않은 자로 구분하는 것이 21세기를 살아가고 있는 우리들에게 적절한 표현일거라 생각 합니다.

인터넷이 없고 스마트폰이 없었던 시절을(~ 1980년대 까지) 생각해 보겠습니다. 시내버스가 대중교통이었고, 탕수육을 먹을 수 있는 날은 생일이나 졸업식 날이었습니다. 공중전화 박스가 사거리 마다 있었던 시절이었고, 초등학교시절 선생님이 집에 냉장고 있는 학생, 텔레비전(TV)이 있는 학생 손드세요? 하면서 가정의 형편을 가늠했었던 시절이었습니다. 초등학생 때 선생님들은 화장실도 안 가는 줄 알았습니다. 선생님이 심부름시키면 특별한 선택받은 사람처럼 가슴이 두근거렸던 시절이었습니다. 그 시절에는 버스타는 것이 불편한 줄 몰랐고, 버스타고 기차타고 산으로 캠핑이라도 가면 즐거웠고, 남녀학생이 미팅 혹은 소개팅을 하는 날은 가슴이 설렜던 시절이었습니다. 한 가족에 형과 누나 그리고 동생이 네 다섯 되는 가족들이 대부분이었으며 어린동생이 껌을 훔치면 부모님이 가게주인에게 잘못했다고 용서를 비는 것이 당연하다고 생각했던 시절이었습니다. 강간이나 성범죄는 정말 큰 뉴스거리였고 마약을

22) 위키백과, 2020년 7월6일 편집
23) Daum 한국어

하는 것은 미국 같은 화려한 도시에서나 일어나는 사건인줄 알았습니다. 더욱이 자식이 부모를 폭행하고 죽였다는 뉴스는 들어본 적이 없었던 시절이었던 것 같습니다. 지금 21세기에 살면서 돌이켜보면 많이 불편했고, 고생스러운 일이 많았고, 소위 말하는 "맛집"이란 단어도 없었던 시대였습니다. 동네 어른들이 착하고 좋은 사람을 표현하는 말이 "저 사람은 법 없이도 살 수 있는 사람여"라는 표현이었습니다. 잘못을 저지르면 감옥에 가는 것을 "죄"라는 기준으로 살아가는 시절이었습니다.

그러나 2020년대를 살아가는 지금은 어떻습니까? 편안함, 즐거움, 쾌락, 맛있는 것을 추구하고 쫓는 삶의 능력을 갖춘 사람을 부러워하고 행복할 거라 믿는 오늘날 돈 이 제일이라고 말합니다. 초등학생이 학교 선생님께 매 맞고 오면 부모님이 학교에 쫓아가서 선생님의 멱살을 잡고 폭행하고 학생들이 선생님을 폭행하는 시대가 되어 버렸습니다. 자식이 부모를 폭행하고 죽이는 것은 자주 듣는 뉴스거리가 되었고 성범죄, 음란행위, 마약문제는 사회문제로 정착되었습니다. 사생활을 침해하거나 방해하면 당신도 당해보라는 듯이 되 갚아 주는 행동이 정당화 되어가는 시대이기도 합니다.

이론적으로 사람들의 지식이 더해지고 문명이 더 발달하면 선(善)은 권하고 악(惡)은 징계한다는 권선징악(勸善懲惡)에 대한 가치 추구가 분명해질 거라는 기대는 누구나 할 수 있습니다. 그런데 현실은 상식적이고 합리적인 생각을 벗어나 선보다는 악이 득세하고 있음을 주변의 삶속에서 쉽게 알 수 있습니다. 우리나라의 고등교육이상의 학력자의 증가에 비해 강력범죄나 성범죄의 비율이 어떻게 변했을까요? OECD 각 나라의 학력별 인구비율 보고서에 따르면 우리나라는 고졸 이상의 학력자가 1995년 60%에서 2018년 88%로 크게 증가한 것으로 보고되었습니다. 그런데 법무연수원이 발간한 2019년 범죄 백서에 따르면 2009년부터 2018년까지 10년간 강력범죄(흉악)는 30.6% 증가 했고, 성폭력은 위 기간 중 84.7% 증가한 것으로 보고되었습니다. 옳고 그름에 대한 판단지식은 과거 고등교육을 받지 못했던 시절보다 훨씬 더 공정하고 합리적이어야 맞는데 오히려 갈수록 사람은 악해지고 성적인 타락은 가중되고 있음을 알 수 있습니다.

무엇이 사람을 더 악하고 더 타락하게 만들까요? 새 번역 성경의 로마서 1장 20절부터 32절을 읽어보면 사람이 악해지고 타락되어가는 이유를 찾을 수 있습니다. 먼저 20절과 21절을 살펴보겠습니다.

"이 세상 창조 때로부터 하나님의 보이지 않는 속성 곧 그분의 영원하신 능력과 신성은 사람이 그 지으신 만물을 보고서 깨닫게 되어 있습니다. 그러므로 사람들은 핑계를 댈 수가 없습니다. 사람들은 하나님을 알면서도 하나님을 하나님으로 영화롭게 해드리거나 감사를 드리기는커녕 오히려 생각이 허망해져서 그들의 지각없는 마음이 어두워 졌습니다."(롬 1: 20-21)

이 말씀은 전능하신 하나님의 창조의 섭리를 창조된 모든 피조물을 보고 사람들이 하나님의 존재를 깨달을 수 있다는 것입니다. 창조의 섭리가 무엇입니까? 혼돈, 공허, 흑암의 본질인 흙으로 사람과 모든 생명체를 만들고 특별히 사람은 하나님의 형상으로 만들고, 그 코에 생명의 숨을 불어넣음으로 느끼며 지각하고 생각할 수 있는 지혜 있는 인격체로 만들었기에 하나님이 하나님 됨을 깨달을 수 있다는 의미입니다.

사람들은 전능자의 존재를 무의식 속에서 순간 순간 의식하고 있습니다. 그 하나의 증거로 사람의 노력과 수고의 한계를 넘는 어려움과 좌절과 절망에 처하면 사람들은 두려움을 느끼게 됩니다. 그러나 자신들이 무언가에 보호 받는다는 확신이 있을 때 어려움과 좌절과 절망은 두려움이 아니라, 삶의 자연스런 일부분이라 생각하며 어려움과 좌절을 딛고 다시 시작할 수 있는 힘이 있습니다. 이 힘의 기초가 믿음이라는 능력입니다. 보호받고 의지할 수 있는 구체적인 사실을 알고 믿고 있을 때 두려움은 더 이상 두려움이 되지 않습니다. 그런데 그 두려움의 시작은 어디서부터 시작한 것입니까? 바로 죄가 사람에게 들어오면서 부터입니다. 두려움 때문에 사람들은 만지고 볼 수 있는 자신의 보호막과 울타리를 만들고 지키려고 합니다. 그 울타리와 보호막이 무엇입니까? 이 세상을 쫓게 되는 풍속들입니다. 하나님을 떠난 사람들이 이 세상의 풍속을 쫓으며 살아가는 이유가 눈에 보이는 확실한 실체인 돈, 명예, 권세를 움켜쥐고 붙들며 살아가는 모습이 사람들의 모습임을 말하고 있습니다.

22절 "*사람들은 스스로 지혜가 있다고 주장하지만 실상은 어리석은 사람이 되었습니다.*" 이 말씀은 하나님이 불어 넣어준 생명의 숨인 지혜를 불순종의 유혹인 죄, 즉 사탄[24]이 지배하게 됨으로 하나님이 하나님 됨을 깨닫지 못하게 된 것입니다. 사탄이 누구입니까? 공중권세 잡은 자라고 성경은 말하고 있습니다. 즉, 이 세상에 있는 육신의 정욕과 안목의 정욕과 이생의 자랑을 지배하는 자를 뜻합니다. 그래서 사람들은 지식을 쌓고 스스로 지혜롭다고 의시대지만 하나님을 떠난 삶이 결국 어리석게 되어 자신들의 욕정대로 행한 결과로 나타나는 죄의 형태가 살인, 강간, 폭력 등으로 표현되는 것입니다.

결국 26절과 28절 사람들은 하나님을 인정하기를 싫어하므로 하나님은 사람들을 타락한 마음대로 내버려두신 결과 이 세상에는 양심이나 도의에 벗어난 행위 혹은 규범이나 윤리에 어긋나는 행위인 죄들이 점점 더해지게 되는 것입니다. 아래 로마서 1장 29절부터 32절까지 사람들이 하나님을 인정하기 싫어하여 타락한 마음의 욕정이 가득할 때 죄의 형태로 나타나는 결과를 나열하고 있습니다.

"사람들은 온갖 불의와 악행과 탐욕과 악의로 가득 차 있으며, 시기와 살인과 분쟁과 사기와 적의로 가득 차 있으며, 수군거리는 자요, 중상하는 자요, 하나님을 미워하는 자요, 불손한 자요, 오만한 자요, 자랑하는 자

24) 3-3. 죄의 본질에서 사탄에 대한 설명을 참고 하기 바랍니다.

> 요, 악을 꾸미는 모략 꾼이요, 부모를 거역하는 자요, 우매한 자요, 신의가 없는 자요, 무정한 자요, 무자비한 자입니다. 그들은 이와 같은 일을 하는 자들은 죽어야 마땅하다는 하나님의 공정한 법도를 알면서도 자기들만 이런 일을 하는 것이 아니라 이런 일을 저지르는 사람을 두둔하기까지 합니다." (롬 1:29-32)

사람들이 환경에 따라 성격과 성품이 변하고 변질될 수 있지만, 사람들 내면에는 원래 죄를 지을 수 있는 속성들이 늘 함께 있습니다. 단지 자신의 형편과 상황을 견뎌낼 수 있는 한계의 정도에 따라 죄의 속성을 들어내느냐? 아니면 죄의 속성들을 가리고 포장하려고 노력하느냐? 라는 차이점만 있다는 것을 인식해야 합니다.

3-2 죄의 속성

양심이 무뎌져 간다는 생각을 해보았습니까? 만약 그런 생각을 해보았다면 과연 사람들의 양심이 변질되어가는 계기는 무엇 때문일까요? 바로 욕심에서 시작 될 것입니다. 야고보서 1장 15장에서 "*욕심이 잉태하면 죄를 낳고, 죄가 자라면 죽음을 낳습니다.*" 라는 말씀을 새겨보기 바랍니다.

양심이 무뎌지는 계기는 아마도 "부끄러움을 당하느냐" 아니면 "부끄러움을 당하지 않느냐"에 대한 결과일 수도 있습니다. 누구나 자신의 행위에 대한 부끄러움과 수치를 당하는 것을 좋아할 사람은 한명도 없기 때문에, 아무리 나와 가족을 위한 일 일지라도 옳지 않은 일이면 순간 멈칫하며 갈등하게 됩니다. 왜냐하면 자신의 그릇된 행위가 남에게 들춰지면 부끄러움과 수치를 감수하기란 쉽지 않기 때문입니다. 그래서 부끄러움을 가리기 위해 거짓말하는 것, 속이는 것, 과장하는 것, 축소하는 것, 훔치는 것, 도망치는 것 등의 행위가 자신의 부끄러움과 수치를 남에게 보이지 않고 들키지 않으려는 본능적인 행동일 것입니다. 그리고 부끄러움이 한계를 넘어가면 두려움이 몰려오기 시작합니다. 몰락에 대한 두려움, 실패에 대한 두려움, 죽음에 대한 두려움이 한 순간 몰려오게 됩니다. 이 두려움이 가득차면 살인하게 되고, 자살하게 되고, 잘못된 행위에 대한 흔적을 없애기 위해 온갖 행동을 합니다. 왜냐하면 사람들의 양심에는 옳고 그릇된 일을 분별할 줄 아는 이성과 지식이 있기 때문입니다. 그런데 그릇된 일 일지라도 들키지 않는다면 사람들의 양심은 서서히 무뎌져가게 될 것입니다. 결국 죄를 짓느냐? 안 짓느냐? 라는 생각보다 들키느냐? 안 들키느냐? 에 대한 인식이 이 사회에 만연해질 때 사람들의 양심은 무뎌져가고 죄가 죄인 줄 모르고 살아가게 될 것입니다.

아주 어린아이들을 잘 살펴보기 바랍니다. 옳고 그름을 분별하기 시작하면서 아무것도 모르는 아이가 숨기고 거짓말하고 핑계되는 일을 자연스럽게 하는 이유는 자신이 부끄러움과 수치를 당하지 않기 위해서입니다. 만약 자신의 잘못이 들춰지는 순간 아이는 울어버립니다. 엄마나 아빠에게 꾸중 들을 것을 생각하니 순간 두려움이 몰려오기 때문일 것입니다.

바로 한 사람 아담의 불순종에 대한 죄로 인해 처음 느끼는 감정이 자신이 벌거벗었다는 부끄러움을 발견한 것이었습니다. 그 결과 아담은 부끄러움을 가리려하고 하나님을 피해 숨기까지 합니다. 왜냐하면 두려움 때문입니다. 성경은 이것을 "*죄가 한 사람 아담에게 들어갔다*"라고 말하며, 사람 내면에 이러한 죄의 속성이 늘 함께 하고 있다고 표현하고 있습니다.

> "이에 그들의 눈이 밝아 자기들의 몸이 벗은 줄을 알고 무화과나무 잎을 엮어 치마를 하였더라. 그들이 날이 서늘할 때에 동산에 거니시는 여호와 하나님의 음성을 듣고 아담과 그 아내가 여호와 하나님의 낯을 피하여 동산 나무 사이에 숨은지라. 여호와 하나님이 아담을 부르시며 그에게 이르시되 네가 어디 있느냐. 가로되 내가 동산에서 하나님의 소리를 듣고 내가 벗었으므로 두려워하여 숨었나이다."(창3:7-10)

만약 폭력을 일삼는 사람이 자신의 의지와 또한 각서까지 쓰면서 다시는 폭력을 하지 않겠다고 굳은 약속을 했다고 가정해 보겠습니다. 아마 그 순간 그 사람의 뉘우침과 결단은 진실이었을 것입니다. 그런데 과연 폭력을 일삼는 사람이 다시는 폭력을 하지 않을까요? 아닙니다. 자신의 결심과 의지의 한계가 넘어서는 순간 다시 폭력을 하게 될 것입니다. 왜냐하면 폭력이라는 형태의 행위가 그 사람 안에 항상 살아 존재하기 때문입니다. 이러한 폭력과 같은 행위는 사람의 의지로 조절할 수 있는 것이 아니고, 이러한 행위를 일으키는 원인이 하나 둘씩 쌓이기 시작하여 한계에 이르게 되면 표출되는 악한 생각에 대한 결과일 것입니다. 마치 "*마음에 가득한 것을 입으로 말함이라.*"(마 12:34) 라는 성경의 기록이 말해주듯이 사람의 내면에 무엇으로 가득 차 있느냐에 따라 행위의 결과로 나타나는 것을 입증해주고 있습니다.

우리의 호흡과 함께하는 죄의 행위는 그림 2-1에서 보여주는 것처럼 나무에서 자라는 잎사귀와 같다고 생각합니다. 잠시 자신의 행위에 대한 잘못을 뉘우쳤다가 시간이 흐르면 자신 안에 있는 여러 모양의 죄의 형태들이 다시 자라게 됩니다. 이것이 계속 반복되는 것일 뿐입니다. 즉 나무의 뿌리가 살아있는 한 잎사귀가 잠시 떨어졌다가 시간이 지나면 다시 자라는 것처럼, 우리 안에 죄의 뿌리가 살아 있는 한 잠시 죄를 뉘우치고 다시는 죄를 범하지 않겠다고 다짐해도 시간이 지나 죄성이 다시 자라게 되면, 또 다시 여러 모양의 죄에 대한 형태들이 밖으로 나타나는 것입니다.

만약 나무의 잎사귀를 더 이상 자라지 않게 하려면 어떻게 해야 될까요? 나무의 뿌리를 잘라내야 합니다. 그 뿌리를 잘라 내면 나무는 죽게 되고 그 결과 잎사귀는 시들어가고 더 이상 자라지 않게 됩니다.

그림 2-1 나뭇잎에 비유한 죄의 속성

제 1부에서 "생명의 호흡", "생명의 숨"을 기억하십니까? 하나님이 사람의 코에 대고 불어 넣어주신 "네샤마 하임", 즉 하나님을 알고 느끼고 지각할 수 있는 생명의 지혜를 사람에게 불어 넣어 줌으로 생명의 근원인 하나님 안에서 살아갈 때 영원히 하나님과 연합하여 살아갈 수 있었던 존재(Living Being)였다는 내용을 기억 하지요? 그런데 불순종에 의해 죄가 사람에게 들어오고 결국 그 생명의 호흡이 죄에 의해 붙들림 받은 삶을 살아가게 되는 것이 죄인의 삶이며 하나님을 떠난 삶입니다. 이러한 삶을 살아 갈 때 사람들 안에 부끄러움과 두려움이란 죄의 속성이 늘 함께하여, 이 세상의 풍속을 쫓아 살아가는 사람들에게 탐심과 욕정이라는 결과의 형태가 사람들의 보호막이며 울타리로 변질되어 갈 것입니다.

3-3 죄의 뿌리

빛과 어둠을 잠시 생각해보겠습니다. 아침에 태양이 뜨면 칠흑같이 어두운 밤은 사라집니다. 어둠이 스스로 없어져서 밤이 사라지는 것이 아니라, 태양 빛이 비추기 때문에 어둠이 사라집니다. 빛이 있는 곳에는 어둠이 존재 할 수 없고, 생명이 존재하는 곳에는 죽음이 존재 할 수 없으며, 악이 있는 곳에는 선이 함께 할 수 없고, 선이 존재하는 곳에는 악이 함께 할 수 없는 것과 같습니다.

사람들은 스스로 악에 속하지 않는 것으로 착각하며 살아 갈 때가 있습니다. 뉴스를 볼 때 끔찍하고 파렴치한 범죄를 저지른 사람들을 보면 마치 자신과는 전혀 별개의 일이라 생각할 때가 대부분입니다. 착각입니다. 단지 우리의 삶이 최악의 상황과 환경에 처하지 않았기 때문에 마치 악에 속하지 않고 어둠에 있지 않다고 스스로 착각할 수 있습니다.

결론을 말하자면 어린아이부터 어른에 이르기까지 모든 사람에게는 죄의 뿌리가 있다는 것을 깨달아야 합니다. 그럼 언제부터 사람 마음에 죄의 뿌리가 심겨졌는지 살펴볼 필요가 있습니다.

창세기 1장에 기록되었던 것처럼, 아담(Adam, 사람)도 다른 모든 피조물처럼 “네페쉬 하야” 즉 “살아있는 존재/물체”였습니다. 그러나 하나님이 사람에게만 주신 “네샤마 하임” 즉 “생기”인 “생명의 숨/지혜”가 있어 사람은 처음부터 빛을 쫓고 선을 사모하며 생명의 근원인 하나님 안에서 영원한 존재로 살아가면서 모든 피조물들을 다스리고 땅을 정복 할 수 있었고, 각종 짐승들에게 이름까지 지어줄 수 있는 지혜가 가득한 존재였다는 것을 제 1부에서 설명하였습니다. 그런데 뱀이 아담의 아내인 하와를 유혹합니다.

“뱀이 여자에게 이르되 너희가 결코 죽지 아니하리라 너희가 그것을 먹는 날에는 너희 눈이 밝아 하나님과

> 같이 되어 선악을 알줄을 하나님이 아심이니라. 여자가 그 나무를 본즉 먹음직도 하고 보암직도 하고 지혜롭게 할 만큼 탐스럽기도 한 나무인지라 여자가 그 실과를 따먹고 자기와 함께한 남편에게도 주매 그도 먹은지라."(창 3:4-6)

뱀은 영어로 "Serpent"으로 번역 되어 있으며, 뜻은 "큰뱀, 음흉한, 악마, 유혹자" 로 번역되어 있습니다[25]. 히브리어로 "나하쉬(נָחָשׁ, NaCHaSH)"로 발음하면 "뱀"이란 뜻이 되고, "네하쉬(נְחָשׁ, NeCHaSH)"로 발음하면 "놋"이란 뜻이 됩니다. 민수기에 나오는 놋뱀이 바로 "네하쉬(נְחָשׁ, NeCHaSH)"입니다. 또 "악마", "적대자" "대적하다" "미워하다" "공격하다" 의 히브리어 말은 사탄(שטן, SaTaN)입니다. "악마"는 히브리어로 "라샤(רשע, RaSHa)"이며, "범죄하다", "악한자", "행악자" "죄"라는 뜻도 포함되어 있습니다. 정리해보면, 아담의 아내를 유혹한 뱀(serpent)은 "악마"요 "사탄"이란 존재입니다.

표 2-12 에서 뱀(serpent) 에 대한 히브리어, 영어, 한국어의 뜻과 의미를 정리해 보았습니다.

뱀, 즉 사탄이 아담의 아내인 하와를 어떻게 유혹했나요? 하나님같이 된다고 유혹 합니다. 불순종에 대한 유혹이 하와에게 들어오는 순간 하와의 마음에 어떤 반응이 일어났나요?

---

25) Webester 영한 사전

표 2-12 뱀을 표현하는 단어들[26)]

<table>
<tr><th>언어</th><th>단어</th><th colspan="2">뜻</th></tr>
<tr><td>영어</td><td>Serpent</td><td colspan="2">큰뱀, 음흉한, 악마, 유혹자</td></tr>
<tr><td rowspan="5">히브리어</td><td>나하쉬(נָחָשׁ, NaCHaSH)</td><td colspan="2">뱀</td></tr>
<tr><td>네하쉬(נָחָשׁ, NeCHaSH)</td><td colspan="2">놋뱀</td></tr>
<tr><td rowspan="2">사탄(שטן, SaTaN)</td><td colspan="2">악마, 적대자, 대적하다, 미워하다, 공격하다</td></tr>
<tr><td>ש(SHeen, 이빨, 부수다, 삼키다)
ט(Tet, 뱀, 둘러싸다, 유혹하다),
ן(Noon, 생명, 삶)</td><td>둘러싸고 유혹하는 뱀이 우리의 생명을 파멸하고 있다</td></tr>
<tr><td>라샤(רשע, RaSHa)</td><td colspan="2">악마, 범죄하다, 악한자, 행악자, 죄</td></tr>
</table>

창세기 3장 6절에 *"여자가 그 나무를 본즉 먹음직도 하고 보암직도 하고 지혜롭게 할 만큼 탐스럽기도 한 나무인지라."* 전혀 경험해보지 못한 감정을 처음 느낍니다. 결국 아담과 하와는 선악과를 먹게 되었고 그 결과 아담과 하와에게 처음 나타난 두 가지 반응이 있습니다. 자신들의 벌거벗은 부끄러움과 하나님에 대한 두려움 이었습니다.

"이에 그들의 눈이 밝아져 자기들이 벗은 줄을 알고 무화과나무 잎을 엮어 치마로 삼았더라."(창 3:7)

"하나님의 소리를 듣고 내가 벗었으므로 두려워하여 숨었나이다."(창 3:10)

26) 히브리어 사전 스트롱코드, 개역개정4판, 2010년 2월 5일

벌거벗었어도 부끄러운 줄 몰랐고 하나님과 같이 있어도 두려운 줄 몰랐던 아담과 하와에게 부끄러움과 두려움이 가득 찼습니다. 왜 이렇게 되었나요? 바로 죄의 속성 때문입니다. 빛을 대적하고 선을 대적하고 생명을 대적하고 영원함을 대적하는 것이 "사탄"의 속성이기 때문입니다. 하나님을 알고 함께 살아갈 수 있도록 지음 받음 사람의 호흡, 즉 생명의 호흡인 지혜를 사탄이 지배하게 된 것입니다. 요한일서 3장 8절이 잘 설명하고 있습니다.

"죄를 짓는 자는 마귀에게 속하나니 마귀는 처음부터 범죄함이니라."(요일 3:8)

아담의 불순종으로 인한 죄로 인해 마귀, 즉 사탄이 사람의 생명의 호흡과 하나 된 것입니다. 바로 사탄이 우리의 생명의 숨/지혜를 다스리게 된 결과 사람들은 하나님과 연합할 수 없게 되고, 이 세상의 풍습을 좇는 지각과 감정으로 가득하게 됨을 말해주고 있습니다. 요한일서에 기록된 말씀을 읽어보면 죄로 인해 사람의 존재가 무엇의 지배를 받게 되었고, 사람들은 무엇을 좇아 살아가게 되었는지 잘 설명되어 있습니다.(표 2-13 참조)

표 2-13 죄의 유혹과 세상의 풍속

죄의 유혹 (창세기 3:6)	세상의 풍속(요한일서 2:16)
그 나무를 본즉 1)먹음직도 하고 2)보암직도 하고 3)지혜롭게 할 만큼 탐스럽기도 한 나무인지라	이는 세상에 있는 모든 것이 1)육신의 정욕과 2)안목의 정욕과 3)이생의 자랑이니 다 아버지께로 좇아 온 것이 아니요 세상으로 좇아 온 것이라

이처럼 한 사람에게 다가온 유혹으로 불순종의 죄를 낳게 되고 그로 인해 마귀의 종노릇 하며 살아가고 있음을 밝히 깨닫기 원합니다. 사람이 선한일 을 할 때 마치 죄와는 상관없는 것처럼 생각할 때가 있지만 우리는 착각하고 있습니다. 잠시 이 세상을 살아가면서 지켜야하는 품위와 체면과 명예를 위해 포장하고 있을 뿐입니다. 죄는 우리의 호흡과 하나 되어 살아가고 있기 때문에 죄의 속성인 부끄러움과 두려움이 가득할 때 언제든지 들춰지는 부끄러움과 수치를 가리고 두려움으로부터 벗어나려는 행위가 죄의 뿌리이며 우리들의 진짜 모습이고 하나님을 떠난 죄인 된 모습입니다.

3-4 죄의 결과

그럼 죄의 결과는 무엇입니까? "*정녕 죽으리라*"라고 성경은 단호하게 말하고 있지만 아담과 하와의 육신이 바로 죽었습니까? 아닙니다. 아담은 930년을 살고 죽었습니다. 그런데 성경은 "*정녕 죽는다*"라고 기록되어 있습니다. "죽는다"는 것은 하나님이 불어넣으신 "생명의 숨"(네사마 하임)이 더 이상 하나님과 함께 할 수 없다는 것입니다. 다시 말해 생명의 터전인 하나님의 그늘을 떠난 상태가 죽는 것입니다.

창세기 3장을 통하여 죄의 결과에 대해 좀 더 구체적으로 알아보겠습니다.

> "그들의 눈이 밝아져 자기들이 벗은 줄을 알고 무화과 나무 잎을 엮어 치마로 삼았더라." (창 3:7)

> "하나님의 소리를 듣고 내가 벗었으므로 두려워하여 숨었나이다."(창 3: 10)

> "네게 잉태하는 고통을 크게 더하리니 네가 수고하고 자식을 낳을 것이며 너는 남편을 사모하고 남편은 너를 다스릴 것이니라. 내가 네게 먹지 말라 한 나무의 열매를 먹었은 즉 땅은 너로 말미암아 저주를 받고.... 너는 종신토록 수고하여야 그 소산을 먹으리라.....땅이 네게 가시덤불과 엉겅퀴를 낼 것이라.....네가 얼굴에 땀이 흘러야 식물을 먹고."(창3:16-19)

"너는 흙이니 흙으로 돌아갈 것이니라 하시니라."(창 3:19)

"이같이 하나님이 그 사람을 쫓아내시고." (창 3;24)

하나님이 사람에게 주셨던 복, 번성, 풍족, 다스림, 보기에 좋은 것으로 가득차고, 하나님의 그늘 안에서 영원히 살아가도록 지음 받은 삶이 죄로 인해 부끄러움, 두려움, 고통, 저주, 고생, 하나님을 떠난 죽음의 그늘 안에서 마귀에 속한자로 살아가게 된 것입니다. 그럼 불순종의 죄로 인한 결과를 크게 3가지로 정리해 보면 다음과 같습니다. 첫째 생명이 죽음으로, 둘째 축복이 저주로 그리고 셋째 하나님의 자녀에서 마귀의 자녀로 변화된 삶을 살아가게 됩니다.

생명이 죽음으로

죄가 아담에게 들어가기 전 사람을 비롯한 모든 "살아있는 존재들" 즉 "네페쉬 하야"(살아있는 존재/생물, 살아있는 혼)는 하나님이 정해주신 각각의 삶의 터전에서 살아갈 때 하나님과 영원히 살아가도록 지음 받았습니다. 그 삶의 터전은 축복으로 충만한 생명의 터전이었고, 사람들에게는 모든 채소와 과실을 먹을 것으로 주셨고, 모든 새와 짐승들에게도 푸른 풀을 먹을 것으로 주셨다고 성경은 기록하고 있습니다. 짐승을 먹이로 주지 않았습니다. 왜 짐승을 음식으로 주지 않았을까요? 온갖 풀, 채소 과실이 풍부해서인가요? 예, 그렇습니다. 더 궁극적인 이유는 "피"에 있습니다. 짐승을 먹는다는 것은 짐승을 죽인다는 것이고 죽음은 피를 흘리는 것입니다. 피를 흘린다는 것은 죄의 삯을 지불하는 것인데 하나님과 연합하여 살아간다는 것은 죄가 무엇인지 조차도 모르는 하나님의 그늘 안에서 살아가는 것입니다. 죄가 없기에 모든 피조물들이 피를 흘릴 필요가 없었습니다. 피 흘림이 없는 영원한 생명의 터전이 모든 피조물에게 주어진 것입니다.

히브리어로 피는 담(דָּם DaM)으로서 "피", "살육", "피값", "죄" 라는 뜻이 있습니다[27]. 피를 흘린다는 것은 죽는다는 의미와 죄에 대한 의미가 같이 포함되어 있습니다. 레위기 17장 11절 "육*체의 생명은 피에 있음이라 내가 이 피를 너희에게 주어 제단에 뿌려 너희의 생명을 위하여 속죄하게 하였나니 생명이 피에 있으므로 피가 죄를 속하느니라.*"라고 기록되어 있습니다. 즉 피를 흘림으로 죄 사함을 받는 것입니다. 피 흘려 죽음으로 죄의 댓가를 지불하는 것입니다. 하나님의 창조는 피 흘림이 없었습니다. 그런데 불순종으로 인한 죄가 한 사람에게 들어오면서 처음으로 짐승을 죽이게 되는 이야기가 창세기에 나옵니다.

27) 히브리어사전 스트롱코드, -개정개역4판-

"여호와 하나님이 아담과 그의 아내를 위하여 가죽옷을 지어 입히시니라."(창 3:21)

아담에게 죄가 들어감으로 하나님이 아담에게 부끄러움을 가려주기 위해 가죽옷을 입히셨다는 기록입니다. 짐승을 죽이고 표피를 벗긴 것이 가죽입니다. 가죽을 벗기려면 짐승을 죽여야 하고 피를 흘려야 표피를 벗길 수 있습니다. 이처럼 아담의 죄로 인해 짐승이 피 흘려 죽음으로 그 가죽옷으로 아담의 부끄러움을 가려 주신 것이고, 또한 짐승의 피의 제사를 하나님께 드림으로 아담의 죄를 짐승에게 전가하여 아담의 죄가 사함 받음으로 하나님께 나아갈 수 있는 방법을 가르쳐 준 것입니다. 하나님께 나아가는 유일한 길은 죄가 없어야 나아갈 수 있기 때문입니다.

구약성경 특히 모세 오경은 죄 있는 사람이 짐승의 피로 제사를 드린 후 하나님께 나아가는 방법을 기록하고 있습니다. 히브리서 9장 기록을 보면 구약성경에 기록된 피의 제사를 아주 잘 요약하고 있습니다.

"모세가 율법대로 모든 계명을 온 백성에게 말한 후에 송아지와 염소의 피와 및 물과 붉은 양털과 우슬초를 취하여 그 책과 온 백성에게 뿌려 이르되 이는 하나님이 너희에게 명하신 언약의 피라 하고 또한 이와 같이 피로써 장막과 섬기는 일에 쓰는 모든 그릇에 뿌렸느니라. 율법을 쫓아 거의 모든 물건이 피로써 정결케 되나니 피 흘림이 없은즉 사함이 없느니라."(히 9:19-22).

"해마다 대제사장이 짐승의 피를 제단에 뿌리고 성소에 들어가는 것 같이."(히 9:25)

모든 이스라엘 백성이 죄 사함을 받기 위한 방법으로 대신 짐승의 피를 흘려야 했고, 대제사장도 성소를 통해 하나님의 임재가 거하는 지성소에 들어가기 위해 자신을 짐승의 피로 정결케 한 후 지성소에 들어갔습니다. 즉 대제사장의 죄를 짐승에게 전가시키고 피 흘림의 값을 짐승이 담당합니다. 한 번에 끝나는 것이 아니라 해마다 하나님의 임재 안에 들어가기 위해 피의 제사를 드려야 했습니다.

그래서 바울사도는 로마 사람들에게 쓴 편지에 "*죄의 삯은 사망이요*"라고 말씀 하였고, 히브리서 9장 22절에는 "*피 흘림이 없은즉 사함이 없느니라*"피를 흘림으로 죄 사함을 받는다고 고백하고 있습니다. 사람들은 죄로 인하여 영원한 생명의 터전인 하나님께 나아갈 수 없기에 짐승이 대신 죽어야 했습니다. 즉 생명에서 죽음으로 옮겨 간 것입니다.

축복에서 저주로

하나님이 여섯째 날 사람을 지으시고 사람을 위해 가장 먼저 한일이 무엇인지 아십니까?

> **"하나님이 자기 형상 곧 하나님의 형상대로 사람을 창조하시되 남자와 여자를 창조하시고, 하나님이 그들에게 복을 주시며 하나님이 그들에게 이르시되 생육하고 번성하여 땅에 충만 하라, 땅을 정복하라, 바다의 물고기와 하늘의 새와 땅에 움직이는 모든 생물을 다스리라 하시니라."(창1:27-28)**

하나님은 사람을 축복하셨습니다. 그 다음 하나님이 사람을 창조하신 모든 것을 다스리는 자의 위치에 세우셨고 모든 창조를 마치고 마지막 말씀 하기를, 창세기 1장 31절 "*....보시기에 심히 좋았더라*" 첫날부터 다섯째 날까지는 "*보시기에 좋았더라*" 하였는데 여섯째 날은 너무 좋았던 것입니다. 부끄러움도 고통도 고생도 땀 흘림도 죽음도 없는 것이 하나님 보시기에 심히 보기 좋은 것입니다. 이것을 축복이라 성경은 말하고 있습니다. 축복은 단지 생각하는 것 마음속으로 느끼는 것과 같은 형이상학적인 것이 아니라, 하나님이 창조하신 모든 것을 완전한 생명의 지혜가 있는 사람에게 다스리도록 맡길 수 있었던 하나님의 기쁨의 표현이 축복이었습니다.

그런데 사람에게 죄가 들어오면서, 부끄러움, 두려움, 핑계, 고통, 땀 흘림, 고생 그리고 죽음으로 변하게 되었습니다. 즉 생명의 터전인 하나님의 그늘을 떠난 삶이 저주이며 아담으로 인하여 땅까지도 저주를 받는다고 하였습니다. 다시 말하면 하나님을 떠난 사람이 가는 곳마다 가시와 엉겅퀴를 낸다고 하였습니다. 가시가 무엇입니까? 서로 찌르고 찔리며 피 흘리게 하는 것이 가시입니다. 하나님을 떠난 사람의 모습을 로마서에 잘 묘사하고 있습니다.

"그들이 마음에 하나님 두기를 싫어하매 하나님께서 그들을 그 상실한 마음대로 내버려 두사 합당하지 못한 일을 하게 하셨으니 곧 모든 불의, 추악, 탐욕, 악의가 가득한 자요, 시기, 살인, 분쟁, 사기, 악독이 가득한 자요, 수군수군하는 자요, 비방하는 자요, 하나님께서 미워하시는 자요, 능욕하는 자요, 교만한 자요, 자랑하는 자요, 악을 도모하는 자요, 부모를 거역하는 자요, 우매한 자요, 배약하는 자요, 무정한 자요, 무자비한 자라."(롬 1:28-31)

이 중에 한 가지라도 걸리지 않는 사람이 있는지 우리들의 말과 마음과 행실을 살펴보기 바랍니다. 사람으로 인해 땅이 저주 받았다는 말은 모든 피조물이 다 저주 아래 있다는 것입니다. 왜냐하면 모든 땅을 정복하고 다스리라는 사명을 받은 사람이 저주 아래 놓였으니, 사람이 가는 곳 마다 모든 피조물도 같이 저주 아래 놓이게 된 것입니다. 그 말씀의 증거로 로마서 8장 19절~21절에 피조물의 탄식이 기록되어 있습니다.

> "피조물이 고대하는 바는 하나님의 아들들이 나타나는 것이니 피조물이 허무한 데 굴복하는 것은 자기 뜻이 아니요 오직 굴복하게 하시는 이로 말미암음이라. 그 바라는 것은 피조물도 썩어짐의 종 노릇 한 데서 해방되어 하나님의 자녀들의 영광의 자유에 이르는 것이니라. 피조물이 다 이제까지 함께 탄식하며 함께 고통을 겪고있는 것을 우리가 아느니라."(롬8:19-21)

피조물이 죄 아래 굴복한 것이 피조물들의 뜻이 아니라고 합니다. 오직 굴복하게 한 이로 말미암았다는 말은 무슨 뜻입니까? 하나님이 사람에게 땅을 정복하고 모든 피조물을 다스리라고 하였는데 사람이 죄의 종노릇 되었으니 피조물도 같이 죄의 노예가 되었다는 뜻입니다. 즉 피조물들도 죄의 저주 아래 있다고 탄식하는 것입니다. 사람들의 저주로 인해 피조물도 고통을 겪고 있으니 다시 생명의 터전으로 돌아온 하나님의 자녀들이 다시 나타나주기를 간절히 기다리고 소망하며 죄의 종노릇 하는 것으로부터 해방되기를 간절히 바란다고 탄식하고 있는 것입니다.

위 말을 쉽게 설명하면, 우리가 축복의 근원인 하나님을 떠나 있으면 우리들 가정의 침대, 소파, 테이블, 의자, 책상, 화

초, 부엌의 집기들 등이 고통과 저주 아래 있다는 표현입니다. 생명이 없는 것 같은 물건들(피조물들)일지라도 하나님의 자녀들을 알아보며 하나님의 자녀들이 그 모든 물건들을 사용해 주기를 간절히 바란다고 탄식하는 의미입니다. 놀랍지 않습니까? 그래서 하나님께 속한 사람들이 가는 곳 마다 이렇게 선포하기 바랍니다. "책상들아, 물건들아, 땅들아 하나님의 자녀인 내가 왔다. 이제 너희들도 저주 아래 있지 않고 생명 되신 하나님의 영원하신 축복 아래 거하거라"라고 외치기 바랍니다. 피조물들은 우리들이 누구에게 속했는지 알고 축복하는 말 저주 하는 말을 분간 할 수 있다는 것을 깨닫기 원합니다.

하나님의 자녀에서 마귀의 종노릇 하는 삶으로

히브리어 성경에 하나님의 창조 역사의 다섯째 날과 여섯째 날 모든 생명체와 사람을 네페쉬 하야(נפש חיה), 즉 살아있는 존재 (Being)/육신(Fresh)/혼(Soul)이라 표현하고 있습니다. 그러나 사람에게만 네샤마 하임(נִשְׁמַה חַיִּים) "생명의 숨/지혜"를 코에 불어 넣었다고 했습니다. "생명의 숨/지혜" 즉 "생기" 가 사람과 하나 되어 하나님과 교제하며 살아갈 뿐만 아니라, 모든 피조물을 다스리고 땅을 정복하고 다스리는 청지기 역할을 하며 살아있는 존재/영혼(Living Being/soul)으로 살아간다는 사실입니다.

그런데 하나님은 단 한 가지 조건을 아담에게 제시하기를 "*모든 열매는 마음껏 먹되 선과 악을 알게 하는 나무의 과실을 먹지 말라 먹는 날에는 반드시 죽는다*"는 것 이었습니다. 왜냐하면 하나님이 불어 넣어주신 "생명의 숨(생기)"은 하나님을 알아보고 하나님의 음성을 듣고 하나님의 일을 깨닫고 하나님이 생명의 터전임을 알게 하는 지혜의 통로였기 때문입니다. 아담은 영적인 존재가 아니고 살아있는 육으로 존재하였습니다. 죄가 없는 육신의 존재이기에 선에 대한 생명의 지혜로 가득하여 부끄러움과 두려움이 무언지 몰랐던 존재였습니다.

그런데 뱀(Serpent)이 하나님과 같이 선악을 분별할 줄 알게 된다고 유혹함으로 선악과를 먹는 순간 전혀 느껴보지 못했고 눈에 들어오지 않았던 벌거벗음에 대한 부끄러움과 수치를 가리고 싶은 마음을 느끼게 됩니다. 더 나아가 하나님이 먹지 말라 말씀하신 한계를 넘게 됩니다. 그 한계를 넘는 것이 "잘못된 행위" 즉 "죄"가 생명의 숨/지혜로 들어오는 순간 두려움이 몰려오게 됩니다. 하나님이 두렵게 한 게 아니라 아담과 하와의 "생명의 숨/지혜"가 마귀에게 사로잡히는 순간 하나님을 멀리하게 된 것입니다. 마치 빛이 있는 곳에 어둠이 사라지는 것처럼, 마귀 즉 사탄(ןטש, SaTaN)이 생명의 숨을 지배하는 순간 영원히 하나님과 함께 할 수 없게 된 것입니다. 이것이 아담의 불순종으로 인한 원죄의 시작입니다. 한글성경에는 원죄라는 기록은 없지만 "허물"이라는 말을 자주 사용하였습니다. 영어로 "Transgression"으로 번역 되어 있습니다. 즉 Trans(넘다)+gression(가다) "넘어가다"라는 문자적 의미로 해석할 수 있습니다. 죄란 한계를 지어준 것을 넘어간 것입니다. 다시 말하면 모든 과실은 임의로 먹되 선악을 알게 하는 나무의 실과는 먹지 말라는 한계를 넘어 간 것이 아담이 불순종으로 범한 원죄인 것입니다. 그 결과 마귀는 아담과 하와의 생명의 숨을 지배함으로 마귀의 종노릇하는 죄의 노예로 살아가게 된 것입니다,

모세가 40여년의 광야 생활을 마치고 약속의 땅 가나안 땅을 들어가기 전 모압 평지에서 이스라엘 백성에게 하나님을 꼭 기억하라는 마지막 설교인 신명기 11장에 다음과 같이 기록하고 있습니다.

"오늘날 복과 저주를 너희 앞에 두나니, 너희가 만일 내가 오늘날 너희에게 명하는 너희 하나님 여호와의 명령을 들으면 복이 될 것이요. 너희가 만일 내가 오늘날 너희에게 명하는 도에서 돌이켜 떠나 너희 하나님 여호와의 명령을 듣지 아니하고 본래 알지 못하던 다른 신들을 쫓으면 저주를 받으리라."(신11:26-28)

결국 한 사람 아담이 선택한 불순종으로 인해 악(Ungodly badness)이 생명의 숨을 지배하고 그 결과 저주와 죽음이 오늘을 살아가는 모든 사람들에게까지 이르게 된 것입니다.

> "이러므로 한 사람으로 말미암아 죄가 세상에 들어오고 죄로 말미암아 사망이 왔나니 이와 같이 모든 사람이 죄를 지었으므로 사망이 모든 사람에게 이르렀느니라."(롬5:12)

그러나 사람의 체질이 진토임을 아는 하나님은 죄로 인해 하나님과 분리된 사람들을 다시 살리고 다시 하나 되게 하기 위해 구원계획을 세우십니다. 죄 있는 모습의 아담이 아닌 죄 없는 모습의 아담(사람)으로 이 땅에 오셔서 우리의 모든 죄를 담당시키려고 여자의 후손을 이 땅에 보내실 계획을 하십니다. 다음 장에서 약속으로 오신 분을 소개하겠습니다. 이분을 통하여 하나님의 구원의 성취가 어떻게 이루어지는지 살펴보겠습니다. 그 구원의 성취를 듣고 믿고 입술로 시인하는 자마다 하나님과 다시 하나 된다는 소식입니다. 이것이 "복음(福音: 복된 소리)" 즉 "Good News(좋은 소식)"입니다.

4장 하나님께 나아가는 길

·
·
·

지금까지 설화와 같은 창세기 창조 역사가 구체적인 사실이며, 이 사실을 근거로 사람의 본질이 무엇이고, 생명의 터전은 어디이며, 생명의 터전인 하나님으로부터 분리된 삶이 무엇이고, 하나님과 분리된 삶의 결과가 무엇인지를 제 1부 부터 제 2부 3장까지 구체적으로 살펴보았습니다. 이제는 사람들을 향하여 하나님이 외치는 소리를 듣기 바랍니다. 천지창조를 마치고 "*보시기에 심히 좋았더라*" 는 창조의 회복을 원하시는 하나님께서 사람들에게 이렇게 외칩니다. "돌아오라! 너를 지으신 하나님께 돌아오라!"

여호와(יהוה, YeHWeH, 야훼)하나님이 하나님을 떠난 모든 사람들을 위해 이 땅에 죄 없는 사람의 모습인 그리스도가 되어 오실 것을 약속하십니다. 그 분을 통하여 하나님께 돌아갈 수 있는 길을 활짝 열어 놓고 모든 사람들에게 "좋은 소식" 즉 "복음(福音)"을 전하고 계십니다. 이 복음을 듣는 자들이 하나님께 돌아갈 수 있습니다. 하나님께 다시 돌아가 그분과 연합할 수 있는 길을 인도하실 분이 야훼 하나님이신 예수님이십니다. 지금 예수님이 말씀하신 "*내가 곧 길이요 진리요 생명이니 나로 말미암지 않고는 아버지께로 올 자가 없느니라*"라는 진리의 말씀을 마음으로 움켜쥐기 바랍니다.

4-1 하나님께 나아가는 길을 열어주신 예수님

예수 그리스도를 믿는 모든 크리스천들이 꼭 기억해야 할 진리가 있습니다. 예수님은 말씀대로 이 땅에 오셨고, 말씀대로 이 땅에서 살다, 말씀대로 죽으시고, 말씀대로 다시 살아나셨다는 사실입니다. 구약성경과 신약성경을 한마디로 요약해보면, 구약성경은 메시야, 즉 그리스도로 오실 분에 대한 예언을 기록한 책이라면, 신약성경은 예언대로 오신 그리스도가 예수님이라는 것을 증명하고 있는 언약의 책이라 말할 수 있습니다.

> "내가 너희와 함께 있을 때에 너희에게 말한바 곧 모세의 율법과 선지자의 글과 시편에 나를 가리켜 기록된 모든 것이 이루어져야 하리라 한 말이 이것이라." (누 24:44)

예수님께서는 누가복음 24장 44절에 기록된 모세의 율법과 선지서의 글과 시편을 언급하였습니다. 유대교 경전을 잘 알고 있는 예수님은 육신으로는 아브람의 자손인 유대인이고 히브리인이며 이스라엘 사람이었습니다. 이 구절을 잘 이해하기 위해서 히브리어성경의 구성을 간단히 이해할 필요가 있습니다. 히브리어 성경은 세 가지 부분으로 구성되어 있습니다.

- 율법서 (תורה, ToRaH, 토라),
- 예언서 (נביאים, NeBi'iM, 네비임)
- 성문서인 (כתובים, KeTuBiM, 케투빔)

유대교경전을 토라, 네비임, 캐투빔의 앞글자인 תנך(TaNaK)[28]를 따서 "타나크" 라고 말합니다. 지금 우리가 읽고 있는 구약성경 입니다. 예수님께서 모세의 율법과 선지서의 글과 시편을 말씀하신 것은 지금의 구약성경을 말씀하고 계십니다. 즉 구약성경이 그리스도 예수님에 대한 예언의 말씀이라는 것을 강조 하고 있습니다.

가끔씩 신학자들이나 목회자들이 하나님 말씀을 전할 때 인용하는 글귀들이 있습니다. "어느 책의 저자인 누구 누구가 이런 말을 했습니다"라는 식의 예화를 들거나 비유를 들어 그리스도의 복음 사역을 인용하는 설교를 들을 때가 자주 있습니다. 물론 지적인 책의 내용을 소개하거나 사람들의 인생 경험과 철학적 교훈 말씀을 전하는 것도 필요할 때도 있지만, 지식이나 교양의 말로 사람의 감정을 자극해서 하나님의 말씀이 주인공이 아니라, 말씀을 전하는 사람이 주인공의 자리에 서있는 모습을 볼 때 마다 그리스도의 신비와 진리를 찾는 신앙성숙의 걸림돌이 될 수 있음을 두려워 해야 합니다. 하나님의 감동으로 쓰여진 성경 속에서 하나님의 구원 계획과 예언들이 그리스

---

28) כ(Kaf)가 단어의 끝에 오면 "ך"으로 표기 된다. 음가는 같은 "K" 발음이 난다.

도로 오신 예수님만 증거 할 때 말씀이 살아 움직일 것입니다. 살아있는 말씀이 선포될 때 듣는 자들의 귀가 열리고, 말씀으로 붙들림 받을 때 우리 안에 무너졌던 모든 소망이 다 회복되고, 성경말씀이 우리를 만질 때 죽어가는 모든 예배가 다시 살아날 것입니다. 이 살아있는 말씀을 믿는 자들이 예수 그리스도와 함께 하나님의 임재가 거하시는 지성소로 들어가는 담대함을 얻게 됩니다.

먼저 예수님께서 십자가에 달려 피 흘리며 마지막 숨을 거두기 전에 하신 말씀을 깊이 묵상 해보겠습니다.

> **"예수께서 크게 소리 질러 가라사대 엘리 엘리 라마 사박다니 하시니 이는 곧 나의 하나님, 나의 하나님, 어찌하여 나를 버리셨나이까 하는 뜻이라."(마 27:46, 막15:34)**

마지막 숨을 거두기 전 예수님이 육신의 온 힘을 다하여 "*나의 하나님, 나의 하나님 어찌하여 나를 버리셨나이까?*"라고 절규하며 소리칩니다. 하나님 내가 십자가에 죽어야하는 이유를 저들에게 알게 해달라고 절규했지만 하나님은 아무 반응을 하지 않습니다. 그런데 갑자기 예수님이 "*내가 목마르다*"라고 말씀합니다. 왜냐하면 예수님이 메시아에 대한 예언의 말씀 중에 아직 한 가지가 성취되지 않았기 때문입니다. 바로 시편 69편 21절 "*저희가 쓸개를 나의 식물로 주며 갈할 때(목마를 때)에*

초로 마시웠사오니"라는 말씀이 아직 성취되지 않았음을 알고, 예수님이"*내가 목마르다*" 라고 말씀하십니다. 그리고 마지막 숨을 거두기 전에 "*다 이루었다*"하시고 죽습니다. 예수님은 예언된 메시아로 오시고, 예언대로 죄의 값을 치르고, 발이 땅에서 들릴 것이라는 예언대로 죽습니다.

"이 후에 예수께서 모든 일이 이미 이룬 줄 아시고 성경으로 응하게 하려하사 가라사대 내가 목마르다 하시니."(요 19:28)

"거기 신 포도주가 가득히 담긴 그릇이 있는지라 사람들이 신 포도주를 머금은 해융을 우슬초에 매어 예수의 입에 대니."(요 19:29)

"예수께서 신 포도주를 받으신 후 가라사대 다 이루었다 하시고 머리를 숙이시고 영혼이 돌아가시니라."(요 19:30)

마침내 예수님은 모든 말씀이 다 성취됨을 알고 다시 큰소리로 외칩니다. "*나의 하나님! 나의 하나님! 어찌하여 나를 버리셨나이까?*" 리고 외치사 성소와 지성소 안에서 상상 할 수 없는 일이 벌어집니다. 성소와 지성소 사이를 막고 있는 휘장이 위로부터 아래로 찢어져 둘이 됩니다.

"예수께서 다시 크게 소리 지르시고 영혼이 떠나시다 이에 성소 휘장이 위로부터 아래까지 찢어져 둘이 되고."(마 27:50-51)

예수님이 마지막 온 힘을 다해 외쳤던 말씀에 대한 하나님의 대답이 휘장(curtain)을 위로부터 아래로 찢는 것입니다(그림 2-2). 10규빗(약 4.5m)의 성막 높이의 휘장을 사람이 찢으려면 아래에서 위로 찢어야 가능합니다. 위에서 아래로 찢었다는 것은 하나님이 찢으셨다는 증거입니다. 지성소가 어떤 곳 인가요?

성소와 지성소를 나눈 휘장

성막의 전경

성소와 지성소

www.glencairnmuseum.org

그림 2-2 성막의 내부구조

떡상, 등대, 분향단이 있는 성소(Holy Place)를 지나 휘장을 열고 오직 대제사장만 일 년에 한번 이스라엘 백성의 죄를 사함받기 위해 흠 없는 짐승의 피를 가지고 들어가는 곳입니다. 대제사장이 피 없이는 지성소에 들어갈 수 없는 곳입니다. 대제사장도 죄가 있거나 하나님 앞에 나갈 때 잘못된 예식으로 나가면 죽게 되는 곳이 지성소입니다. 감히 이스라엘 백성이나 설령 레위지파라 할지라도 지성소에 들어간다는 것은 상상조차 할 수 없는 곳입니다. 이러한 성소와 지성소를 가로막고 있었던 휘장이 예수님의 피 흘려 죽으심으로 위에서 아래로 찢어진 것입니다. 흠 없는 짐승의 피가 아니라 죄 없는 하나님의 아들이신 예수님이 인류의 죄를 담당하시려고 단번에 피 흘려 죽음으로서 하나님께 나갈 수 있는 길을 모든 사람들을 위해 열어 준 것입니다. 더 이상 짐승의 피로 대속의 제사를 드릴 필요없이 예수님 자신이 인간을 죄로부터 구원하기 위해 화목재물이 되어 하나님과 사람 사이 막혔던 죄를 찢으신 것입니다. 바로 휘장은 예수님의 몸이었습니다.

"그 길은 우리를 위하여 휘장 가운데로 열어 놓으신 새롭고 산 길이요, 휘장은 곧 저의 육체니라."(히 10:20)

"그리스도께서도 단번에 죄를 위하여 죽으사 의인으로서 불의한 자를 대신하셨으니 이는 우리를 하나님 앞으로 인도하려 하심이라 육체로는 죽임을 당하시고 영으로는 살리심을 받으셨으니."(베전 3:18)

그럼 그 길이 누구에게 열려 있다는 말입니까? 정결한자에게만 열려 있다는 말입니까? 죄가 없는 자들만 그 길로 갈 수 있는 것입니까? 아니면 의로운 사람만 그길로 나갈 수 있다는 말입니까? 아닙니다. 이 땅에 사는 모든 사람에게 하나님께 나가는 길이 열린 것입니다. 나의 의지와는 상관없이 무조건 모든 사람이 하나님께 나간다는 것이 아닙니다. 사랑의 하나님이 사람들을 죄에서 구원하기 위해 하나님의 아들 예수님을 십자가에 죽게 하였고, 또한 사랑의 하나님이 공의의 하나님이 되어 죄 없는 예수님을 다시 살리셨음을 믿는 자들만이 하나님께 나갈 수 있습니다. 이런 담대한 믿음이 있는 자만이 지성소로 들어가 하나님의 은혜 안에 나갈 수 있고 하나님과 화평을 누리며 영원히 살 수 있습니다. 이것이 "좋은 소식(Good News)"이며 "복음(福音: 복된 소리)"입니다.

"그런즉 한 범죄로 많은 사람이 정죄에 이른 것 같이 의의 한 행동으로 말미암아 많은 사람이 의롭다 하심을 받아 생명에 이르렀느니라."(롬 5:18)

"그러므로 우리가 믿음으로 의롭다 하심을 얻었은즉 우리 주 예수 그리스도로 말미암아 하나님으로 더불어 화평을 누리자."(롬5:1)

"또한 그로 말미암아 우리가 믿음으로 서 있는 이 은혜에 들어감을 얻었으며 하나님의 영광을 바라고 즐거워하느니라."(롬1:2)

우리를 자유케 하신 예수님

이 "좋은 소식"은 듣는 것에 그치는 것이 아니라, 듣는 자들의 마음으로 믿어지고 마음에 새겨져 그 믿음이 나의 호흡과 하나 되어야 합니다. 그래야 이 말씀이 믿는 자들에게 능력으로 변하고 그 능력이 믿는 자 각자의 신분을 바꾸어 놓습니다. 죄의 노예였던 사람들을 예수님의 대속함으로 죄의 노예 된 신분으로부터 자유케 되었고 믿는 자들의 삶의 처지가 바뀌었다는 소식입니다. 요한일서 3장 3절에 기록되어 있듯이 "*죄를 짓는 자마다 마귀에게 속하나니 마귀는 처음부터 범죄함이라*"고 말하고 있습니다. 마귀에 속했던 사람들을 예수님께서 십자가의 죽음으로 대속하고 더 이상 마귀의 자녀가 아니라고 선포한 것이고, 그 확증으로 하나님께서 성소의 휘장을 위에서 아래로 찢은 것이며, 누구든지 예수 그리스도를 믿는 자마다 하나님께 나 올수 있는 자격까지 허락받는 것입니다.

즉 하나님의 자녀가 되는 것입니다. 이것이 세상에서 가장 좋은 소식인 "그리스도의 복음"입니다. 이 소식을 듣는 자가 살아납니다. 상상의 세계가 아니요 책속의 이야기가 아니라 지금 우리가 처한 현실 속에서 새 생명으로 살아나는 실체를 경험하는 사실입니다.

"영접하는 자 곧 그 이름을 믿는 자들에게는 하나님의 자녀가 되는 권세를 주셨으니."(요 1:12)

예수님의 죽음이 단순히 피 흘리시고 숨이 끊어진 것이 아닙니다. 예수님의 죽음은 모든 사람들을 향한 사랑이 얼마나 크며 인류를 죄로부터 자유케 하고자 하는 간절함이 얼마나 구체적인 현실로 다가와 한 사람 한 사람의 마음의 문을 두드리고 계심을 깨닫기 원합니다. 이사야서 53장 말씀이 믿는 모든 사람들의 심령을 덮는다면 믿는 자 한 사람 한 사람에게 그리스도 안에서 회복과 치유와 평강의 은혜를 경험하게 될 것입니다.

> "그가 찔림은 우리의 허물(Transgression)[29]을 인함이요 그가 상함은 우리의 죄악(Iniquities)[30]을 인함이라 그가 징계(Punishments)를 받음으로 우리가 평화를 누리고 그가 채찍에 맞음(Wounds)으로 우리가 나음을 입었도다. 우리는 다 양 같아서 그릇 행하여 각기 제 길로 갔거늘 여호와께서는 우리 무리의 죄악을 그에게 담당 시키셨도다."(사 53:5-6)

---

29) 허물: Transgression = trans(넘다)+ gression(가다), 즉 하나님이 아담에게 먹지 말라 하신 경계를 정해주셨는데 불순종으로 그 한계를 넘어 버린 것이 아담이 처음 지은 불순종의 죄입니다.

30) 죄악: Iniquities = in(아닌) + equity(공평), 즉 공평하지 않은 것, 부정, 거짓, 속임 등의 자신의 이득을 위해 행하는 그릇된 행위

다음 빈칸에 각자의 이름을 넣고 읽으세요.

- **"그가 찔림은 우리의 허물을 인함이요"** 란 말씀은, 예수님이 가시 면류관에 찔리고 창에 찔린 것이 첫 사람 아담의 불순종의 죄가 ____ 님에 까지 내려온 것에 대한 허물(Transgression)을 가리워 주기 위해서 입니다.

- **"그가 상함은 우리의 죄악을 인함이라"** 란 말씀은, 몸에 살점이 떨어지고 살이 찢어지고 피 흘린 이유는 ____님이 이 세상 풍속을 쫓아 살면서 지은 죄의 행실과 생각들로 지은 죄에 대한 값을 치른 것입니다.

- **"그가 징계를 받음으로 우리가 평화를 누리고"** 란 말씀은, 예수님이 사람들에게 욕설을 듣고 버림 받고 침 뱉음을 당하고 십자가에 내어짐을 당한 것은 _____님을 하나님과 다시 연합하게 함으로 평화를 누리게 하기 위해서 니다.

- **"그가 채찍에 맞음으로 우리가 나음을 입었도다"** 라는 말씀은, 예수님이 채찍에 맞음으로 _____님 안에 마음과 육신의 아픔을 치유케하기 위해서입니다.

- **"우리는 다 양 같아서 그릇 행하여 각기 제 길로 갔거늘 여호와께서는 우리 무리의 죄악을 그에게 담당 시키셨도다"** 라는 말씀은 _____님과 모든 사람들은 불순종의 죄로 인해 하나님과 분

리되어 제각기 세상풍속을 삶의 최우선으로 정하고 살아가는 우리 모두를 위해 예수 그리스도를 이 땅에 보내시고 우리 모두의 죄를 예수님께 짊어지게 하셨습니다.

이사야서 53장은 예수 그리스도를 통하여 하나님의 구원 성취가 예수 그리스도를 믿는자들에게 값없는 은혜로 주어진 것입니다. 하나님 자신이 사람의 모습인 그리스도로 오셔서 인류의 구원을 위한 사랑의 하나님 됨을 증거하는 구절입니다. 자신을 죽기까지 내어주신 예수 그리스도를 마음에 믿어 입술로 시인하기 바랍니다. 예수님의 죽음으로 우리를 죄 없다 하고 하나님께 나가는 길을 열어주셨다는 사실을 믿기 바랍니다. 이 믿음의 고백이 우리를 죄의 결박으로부터 자유케 하며, 이 말씀이 길이요 진리요 생명 된 것입니다.

> "우리 옛 사람이 예수와 함께 십자가에 못 박힌 것은 죄의 몸이 멸하여 다시는 우리가 죄에게 종노릇 하지 아니하려 함이니."(롬6:6)

> "예수께서 가라사대 내가 곧 길이요 진리요 생명이니 나로 말미암지 않고는 아버지께로 올 자가 없느니라."(요14:6)

우리를 의의 병기로 세우신 예수님

예수님이 우리의 죄를 짊어지고 십자가에 못 박혀 죽은 것으로 끝이 아닙니다. 그리스도이신 예수님께서 다시 살아나셨습니다. 죄로부터 우리를 자유케 하고 사망권세를 이기고 다시 살아나셨습니다. 누가 살렸습니까? 하나님이 살린 것입니다. 사랑의 하나님은 우리를 죄에서 구원하기 위해 하나님의 아들 예수님을 죽게 하셨고, 또한 사랑의 하나님이 공의의 하나님이 되어 죄 없는 예수님을 다시 살린 것입니다. 사망 권세를 이긴 예수님께서 부활하심으로 우리 죄가 사함 받았다고 인정하신 후, 새로운 생명의 호흡인 그리스도의 영으로 복음을 믿는 모든 사람들과 함께 동거하겠다고 선포하였습니다.

> "내가 그리스도와 함께 십자가에 못 박혔나니 그런즉 이제는 내가 산 것이 아니요 오직 내 안에 그리스도께서 사신 것이라 이제 내가 육체 가운데 사는 것은 나를 사랑하사 나를 위하여 자기 몸을 버리신 하나님의 아들을 믿는 믿음 안에서 사는 것이라."(갈2;20)

이제는 처음 사람 아담에게 하나님이 불어 넣었던 생명의 호흡, 즉 생명의 지혜 (נְשָׁמָה חַיִּים, 네샤마 하임)가 아니라, 살리시는 호흡, 즉 성령(רוּחַ, 루와흐)을 우리 안에 불어 넣은 것입니다.

"그들을 향하사 숨을 내쉬며 이르시되 성령을 받으라."(요 20:22)

왜 예수 그리스도를 믿음으로 영접하는 사람들에게 성령을 불어 넣었나요? 순종의 모범을 보이신 예수 그리스도의 하나님 중심인 동시에 말씀 중심으로 덧입으라는 것입니다. 한 가지 질문하겠습니다. 예수 그리스도를 진정으로 믿어 구원의 확신을 가졌다고 우리의 물리적인 환경과 상황이 180도 바뀌었나요? 물론 그리스도를 영접하는 순간 육신의 병이 나음을 입었다고 고백하는 분들도 많이 있고, 환경이 바뀌었다고 간증하는 분들도 자주 접할 수 있습니다. 그러나 우리의 물리적인 처지와 형편이 바뀌지 않을 때가 더 많다는 것을 우리는 잘 알고 있습니다. 그럼 무엇이 달라지고 변했다는 것인가요?

육신의 눈으로 바라보는 이 세상풍속을 쫓는 모습이 아니라, 우리 호흡 안에 거하는 성령의 조명하심으로 바라보는 이 세상의 모습이 달라 보이는 것입니다. 이 세상의 풍속이란 무엇을 말합니까? 나와 가족의 육신의 편안함과 즐거움 그리고 쾌락과 이득을 쫓기 위해 높아지고 많이 가지려하는 삶이 당연하고 자연스러운 세상의 이치로 받아들이는 것입니다. 다른 사람의 형편과 처지보다는 나와 내 가족이 편안하고 건강하고 즐거운 삶이 우선이라는 생각이 이 세상의 풍속입니다. 조금 과격하게 표현한다면 나와 가족을 위해서라면 거짓말도 할 수 있고, 남을 공격하기도 하며, 내편을 만들고, 남을 속일 수도 있다는 생각이 우리가 살고 있는 세상의 풍속입니다. 성경은 사람들이 세상풍속을 쫓고 공중권세 잡은 자를 따르고 있다고 기록하고 있고, 공중권세 잡은 자가 불순종의 아들들 가운데 일하고 있는 악한 영(Evil Spirit)이라고 말하고 있습니다. 바로 옛 뱀인 처음부터 범죄 한 공중 권세 잡은 사탄 마귀가 이 세상을 다스리고 있기 때문입니다.

> **"그 때에 너희가 그 가운데서 행하여 이 세상 풍속을 쫓고 공중의 권세 잡은 자를 따랐으니 곧 지금 불순종의 아들들 가운데서 역사하는 영이라."(에2:2)**

사탄(שטן, SaTaN)이 무슨 뜻입니까? 히브리어로 악마, 적대자, 대적하다, 미워하다, 공격하다, 라는 뜻이라고 제 2부 3장에서 자세히 언급했습니다. 그럼 우리 안에 거하는 성령의 조명하심으로 바라보는 세상은 어떤 모습인가요? 죄와 함께 죽은 우리의 호흡 속에 그리스도의 살리는 영(Life-giving Spirit of Christ)이 들어올 때 마음의 눈이 밝아짐으로 하나님이 보시기 좋았다고 말씀하신 에덴의 동산의 회복입니다. 즉 하나님을 알게 되고 하나님이 우리를 그리스도의 믿음 안에서 부르시고 그리스도의 능력의 옷을 입음으로 불순종으로 인한 부끄러움과 두려움을 가리워 주신 모습으로 변하는 것입니다. 부끄러움과 두려움이 가리워질 때 사람들의 마음은 높아지고 많은 것으로 채우는 것이 아니라, 낮아져도 적게 가져도 감사와 평안이 우리 마음을 채우고 있기 때문입니다. 이 감사와 평안이 그리스도로 옷 입을 때 나타나는 능력입니다. 이 능력으로 우리들이 이 세상을 살아갈 때 승리할 수 있는 하나님의 의의 병기로 세움 받은 그리스도의 사람이 되는 것입니다.

> "우리 주 예수 그리스도의 하나님, 영광의 아버지께서 지혜와 계시의 영을 너희에게 주사 하나님을 알게 하시고, 너희 마음의 눈을 밝히사 그의 부르심의 소망이 무엇이며 성도 안에서 그 기업의 영광의 풍성함이 무엇이며 그의 힘의 위력으로 역사하심을 따라 믿는 우리에게 베푸신 능력의 지극히 크심이 어떠한 것을 너희로 알게 하시기를 구하노라."(에1:17-19)

> "또한 너희 지체를 불의의 병기로 죄에게 드리지 말고 오직 너희 자신을 죽은 자 가운데서 다시 산 자 같이 하나님께 드리며 너희 지체를 의의 병기로 하나님께 드리라."(롬6:13)

예수 그리스도를 주님으로 고백하고 그리스도로 옷 입은 자의 삶이 바로 하나님의 의의 군사가 되는 것입니다. 육신의 눈으로 나 자신을 바라볼 때는 늘 부끄럽고, 두렵고, 숨는 자이나, 그리스도의 영으로 마음의 눈이 밝혀질 때 그리스도의 능력이 우리를 통해 나타남을 믿기 바랍니다. 그리스도[31]란 히브리어로 "메시아" 즉 "기름부음을 받은 자"입니다. 구약성경을

31) 제 3부 "그리스도에 속한 사람들의 사명"에서 자세히 설명해 놓았습니다.

살펴보면 누구에게 기름을 부었습니까? 선지자로 세울 때, 제사장으로 세울 때, 그리고 왕으로 세울 때 올리브기름을 머리에 부어 직분을 주었습니다. 다시 말하면 그리스도의 기름부음 권세를 믿고, 그 권세를 붙드는 자는 살리는 복음의 말씀을 담대히 전하고 싶어지는 마음으로 가득하여 선지자의 권세의 옷을 입게 되는 것입니다. 우리 자신의 의지가 아니라 성령님의 인도함이 우리를 선지자의 입술로 사용하신다는 것입니다. 또한 억눌린 자, 귀신들린 자, 죄악의 뿌리에서 고통 받고 죽어가는 사람들에게 그리스도의 복음의 능력 의지하여 악한 영에 붙들림 받은 자들을 위해 담대히 기도할 수 있는 제사장의 권세의 옷을 입혀주신다는 약속입니다. 그리고 마귀를 대적하고 마귀를 명하여 쫓아낼 수 있는 왕 같은 권세로 옷 입혀주신다는 약속입니다. 이것이 복음의 능력이요 말씀의 능력이요 하나님의 능력이며 예수 그리스도의 능력이십니다.

"이 복음은 모든 믿는 자에게 구원을 주시는 하나님의 능력이 됨이라."(롬1:16)

"하나님이신 예수 그리스도가 이 세상을 이기셨도다. 아멘 할렐루야" 라고 믿음으로 외치기 바랍니다. 그리고 먼저 이 생명의 복음이 우리 자신과 하나 되고 이 복음을 붙들고 일어나기 바랍니다. 오직 그리스도의 복음을 믿는 믿음으로만 하나님의 임재 안으로 들어갈 수 있으며, 하나님의 임재 안에 들어갔을 때 우리 안에 무너졌던 모든 소망이 다시 회복되고, 우리 안에 죽었던 모든 관계가 다시 살아날 것이고, 하나님과 분리되었던 삶이 다시 하나 될 수 있습니다. 결국 그리스도의 복음으로 하나님과 다시 연합할 때 그리스도의 사람들이 하나님의 의의 병기로 쓰임 받게 됩니다. 이사야 선지자가 복음의 소망을 예언하는 성경구절이 있습니다.

> "좋은 소식을 전하며 평화를 공포하며 복된 좋은 소식을 가져오며 구원을 공포하며 시온을 향하여 이르기를 네 하나님이 통치하신다 하는 자의 산을 넘는 발이 어찌 그리 아름다운가."(이사야 52:7)

이제 우리의 옛 사람은 죽어 없어지고 그리스도와 함께 새 사람 되었음을 선포하고 그리스도로 옷 입기 바랍니다. 그 옷 입고 복음 들고 산을 넘는 자 가 되어 이 세상 곳곳으로 퍼져 나가길 간절히 기도합니다. 이제 우리는 이 옷을 입기 위해서 물과 성령으로 거듭나야함을 잊어서는 안 됩니다.

> "누구든지 그리스도와 합하기 위하여 세례를 받은 자는 그리스도로 옷 입었느니라."(갈3:27)

4-2 물과 성령 세례로 거듭남

많은 크리스천들이 예수 그리스도께서 나의 죄를 위하여 십자가에 죽고 살아나셨음을 믿는 고백의 표현으로 물로 세례 받는 예식에 참여합니다. 이 물세례를 통하여 구원 받았다고 말할 수 있나요? 아닙니다. 단지 구원에 이르는 순례의 여정 중에 있다는 표현이 더 적절하다 생각합니다. 한 가지 질문하겠습니다. 교회 다닌다고 모두가 구원받았다고 말할 수 있나요? 아닙니다. 단지 교회에 출석함으로 구원 받을 기회가 아주 많은 것뿐입니다. 마찬가지로 물로 세례를 받았다고 해서 예수 그리스도를 나의 삶의 주인으로 영접한 것은 아닙니다. 교회를 다녀도 물로 세례를 받아도 나의 삶의 생각이나 행실이 크게 달라지지 않습니다. 물세례는 나의 의지로 혹은 타인의 독려함으로 언제든지 마음만 먹으면 받을 수 있는 교회 공동체의 가족으로 인정받는 예식입니다. 그래서 목사님이 자주 말씀하시는 "세례 교인"이라는 말이 바로 물세례를 받은 교회 공동체의 일원임을 뜻합니다.

그러나 성령세례는 내가 받겠다고 각오하거나 혹은 타인의 도움으로 받는 것이 절대 아닙니다. 성령세례는 전적으로 나와 성령 하나님과의 인격적인 관계 속에서 일어나는 삶의 큰 변화가 동반되는 순간입니다. 오직 예수 그리스도를 믿는 믿음을 통하여 받을 수 있는 것이 성령세례입니다. 즉 예수님이 하나님의 아들이며 그리스도임을 믿는 믿음과 예수 그리스도의 십자가의 고통이 나에게 전달되고 예수님이 나의 죄로 인해 사람들에게 멸시와 천대를 받으며 채찍에 맞는 고통이 나의 죄로 인한 것임을 고백하게 될 때, 그동안 나의 삶이 얼마나 악하고 추하고 이 세상의 풍속을 쫓는 삶을 살았는지에 대한 회개가 터져 나옵니다. 그러한 고백과 함께 깨끗케 씻음 받은 마음속에 예수 그리스도의 영이신 "성령"께서 각각의 사람에게 찾아오십니다. 이것을 "성령세례 받았다"라고 말합니다. 물론 다양한 방법으로 성령세례를 경험 할 수 있습니다. 때로는 예수님이 누구이고 하나님이 어떤 분인지 잘 알지 못할 지라도 나 자신이 가장 낮아지고 가장 작은 모습으로 그리고 가장 겸손한 마음으로 십자가 앞에 나아갈 때 성령 하나님은 이미 우리와 함께 하실 계획을 예정해 놓은 것입니다. 성령님은 인격적인 분이기에 초대 받지 않으면 찾아오지 않고 문을 열어주지 않으면 들어가지 않는 분입니다. 성령님을 향한 초대장은 나의 가장 낮아지고 가장 작아지고 가장 겸손한 마음으로 십자가 앞에 나아오는 모습이 성령님을 향한 초대장을 보내드리는 것입니다.

세례는 세 가지 형태로 구분해 볼 수 있습니다.

첫째, 물세례와 성령세례가 함께 임하는 것입니다. 예수님이 요단강에서 세례요한에게 물로 세례 받으실 때 성령세례도 같이 임하는 기록이 있습니다. "*예수께서 세례를 받으시고*

곧 물에서 올라 오실때 하늘이 열리고 하나님의 성령이 비둘기 같이 내려 자기 위에 임하심을 보시더니."(마 3:16).

둘째, 물세례를 받은 후 나중에 성령세례가 임하는 것입니다. 예수님의 제자들은 요한의 물세례를 먼저 받았고 예수님 부활하신 후 50일째 되는 날인 오순절에 성령세례를 받습니다. 사도행전 1장 21절 "*요한의 세례로부터 우리 가운데서 올리워 가신 날까지 주 예수께서 우리 가운데 출입하실 때에*" 사도행전 2:1-4 "*오순절 날이 이미 이르매 저희가 다 같이 한 곳에 모였더니 홀연히 하늘로부터 급하고 강한 바람 같은 소리가 있어 저희 앉은 온 집에 가득하며 불의 혀 같이 갈라지는 것이 저희에게 보여 각 사람 위에 임하여 있더니 저희가 다 성령의 충만함을 받고*"

셋째, 성령세례가 먼저 임하고 물세례를 나중에 받는 경우입니다. 사도행전 10장에 소개된 이방인 고넬료 입니다. 하나님을 경외하며 항상 기도하는 군대 백부장인 고넬료가 베드로를 찾아갑니다. 사도행전 10장 45절~47절 "*베드로와 함께 온 할례 받은 신자들이 이방인들에게도 성령 부어 주심을 인하여 놀라니, 베드로가 가로되 이 사람들이 우리와 같이 성령을 받았으니 누가 능히 물로 세례 줌을 금하리요.*"

많은 크리스천들은 성경에 나오는 기적과 표적 그리고 믿음의 선인들이 행했던 그리스도의 능력이 나에게도 나타났으면 하는 마음이 간절합니다. 또한 기적의 체험을 한 분들의 간증을 들으면서 "나도 저 분처럼 믿음 생활해야지" 하고 다짐해보고 도전해 보지만 우리의 삶은 어떻습니까? 며칠 지나면 간증과 말씀의 기적들에 대한 기억은 희미해지며 이 세상의 풍속을 쫓는 생활로 돌아가 있는 자신의 모습을 발견하게 될 것입니다. 만약 성경 말씀의 기적과 능력이 우리를 통해서 역사하는 경험을 원한다면, 그 말씀이 우리 심령 가운데 새겨져 온전히 하나 되어야 하고 이성과 지식으로 판단하고 생각하는 것을 넘어 성경말씀에 나 자신을 맡기는 것입니다. 말씀이 내안에 거하도록 읽고 기억하고 되새기는 삶이 반복돼야 합니다. 우리가 말씀을 붙드는 것이 아니라, 말씀이 우리를 이끌도록 우리자신이 말씀 안으로 들어가는 삶을 살아야합니다. 말씀이 내 눈과 귀와 입술에서 떠나지 않으면 말씀이 우리의 생각을 이끌 뿐 아니라, 이 세상에서의 삶도 이끌어가게 됩니다. 이러한 삶이 말씀과 하나 된 삶입니다. 하나님의 말씀과 하나 되면 말씀이 육신이 되어 믿는 자들의 육신을 하나님이 사용하기 위한 도구로 사용하십니다.

다음 장에서는 물세례와 성령세례에 대해 자세히 살펴보면서 왜 물세례를 받아야 하며 성령세례를 받아야 하는지 깨닫기 원합니다. 성경을 읽는 것은 지식과 교양을 쌓기 위한 독서가 아니며 살아계신 생명의 말씀 안으로 들어가는 것입니다. 그러기 위해서 성경에 쓰여진 말씀 하나하나를 깊이 묵상하고 깨달을 때 말씀이 나의 것이 될 것입니다. 그 말씀이 육신이 되어 우리 자신과 함께 호흡하며 살아갈 때 말씀의 능력, 성령의 능력, 그리스도의 능력이 믿는 자들의 삶속에서 나타나는 일들을 경험하게 될 것입니다.

물세례 / 침례

세례요한이 왜 먼저 물로 세례를 줘야 했을까 생각해 보셨나요? 물의 용도는 무엇입니까? 물의 중요한 용도 중에 하나는 더러운 것을 씻어내고 내 몸을 깨끗케 씻기 위해 사용합니다. 먼저 이사야서의 기록된 말씀을 살펴보겠습니다.

> "외치는 자의 소리여 이르되 너희는 광야에서 여호와의 길을 예비하라 사막에서 우리 하나님의 대로를 평탄하게 하라."(사40:3)

누구의 길을 예비하라는 것입니까? 여호와의 길입니다. 여호와는 히브리어로 야훼(יהוה, YaHWeH)입니다. 히브리어 자음 하나하나 풀어 해석하면 "손을 보라" "못을 보라"라고 제 2 부 "하나님의 속성"에서 자세히 설명했습니다. 바로 십자가에 못 박혀 돌아가실 예수님을 말씀하고 있습니다. 예비한다는 것이 무슨 뜻입니까? 우리가 귀한 분을 초대하거나 혹은 귀한 분이 방문한다면 제일 먼저 무엇을 하나요? 깨끗케 청소하고 더러운 것을 치우는 일을 가장 먼저 합니다. 이처럼 물세례를 받는 이유는 먼저 우리의 마음속을 깨끗하게 하고 더러운 것들을 정결케 한다는 의미입니다. 성경에서 말하는 깨끗하고 정결케 한다는 뜻이 무엇입니까? 바로 하나님이 불어넣으신 생명의 호흡, 즉 지혜와 정신을 빼앗은 옛 뱀 "마귀/사탄"을 깨끗이 청소하는 일입니다. 어떻게 청소할 수 있을까요? 마귀가 주인 된 생명, 즉 지혜의 호흡을 죽이는 일이 주의 길을 예비하는 길, 즉 깨끗케 하는 것입니다. 그럼 물로 씻어냄으로 마귀에게 빼앗긴 지혜/정신의 호흡을 깨끗케 할 수 있을까요? 아닙니다. 그 호흡이 멈춰야합니다. 호흡이 멈춘다는 것은 죽음을 뜻합니다. 다시 말하면 마귀가 주장하는 지혜/정신의 호흡이 죽어야하는 것입니다. 물로 씻어낸다고 죽는 것이 아니라 물속에 완전히 잠겨야 호흡이 끊어집니다. 그래서 예수님이 요단강에서 세례 요한에게 세례를 받을 때 요단강물에 완전히 잠긴 것입니다. 물속에 잠긴다는 뜻으로 잠길 침(浸) 예식 례(禮) "침례"라고 말하는 것이 성경적입니다. 그러나 물이 부족한 지역에서 사람이 잠길 만한 물을 구하기 어렵고 물이 있더라도 침례공간을 준비하기가 어려워 세례, 즉 씻을 세(洗) 예식 례(禮) 죄를 물로 씻어서 죄 사함을 받는다는 예식을 행하는 오늘날의 교회의 모습이 되었습니다. "물속에 잠긴다"라는 뜻은 "죽는다" 혹은 "죽어 있는 상태"임을 말하고, 그리스어로 "βαπτίζω(baptizo, 바티조: 잠그다, 가라앉다)" 라는 뜻이며, 영어로 Baptize 즉 "침례를 주다"라는 뜻으로 연결됩니다. 물속에 완전히 잠김으로 "죄와 함께 죽는다"라는 의미에서 그리스도 복음사상의 중요한 예식입니다. 물속에 잠기어 우리의 더러운 죄악들의 숨을 끊어 새로운 호흡이 우리 안에 들어오기를 준비하는 것이 물로 세례/침례를 받는다는 의미입니다. 마가복음에 기록된 말씀을 읽어보면 이해하는데 도움이 됩니다.

"광야에 외치는 자의 소리가 있어 가로되 너희는 주의

길을 예비하라 그의 첩경을 평탄케 하라 기록된 것과 같이, 세례 요한이 이르러 광야에서 죄 사함을 받게 하는 회개의 세례를 전파하니." (마1:3-4)

죄로 인해 하나님과 분리될 수밖에 없었고, 그 결과 이 세상 죄를 쫓았던 우리들의 삶의 모든 죄악들을 예수그리스도의 십자가 앞에서 회개하고 고백하는 것입니다. 그리고 나는 그리스도이신 예수님과 십자기에 못 박혀 죽었음을 선포하는 예식으로 물속에 잠기는 것이 죄로 인해 나도 그리스도와 함께 죽는다는 표현입니다. 이 예식이 누구든지 예수 그리스도를 믿을 때 믿음으로 받는 물세례/침례 입니다.

신약과 구약은 말씀과 말씀이 연결되어 있습니다. 구약의 말씀을 통하여 신약의 말씀이 풀어져야하며 신약의 말씀이 구약의 말씀에서 해석돼야 합니다. 물세례의 말씀도 구약성경에 나타나 있습니다. 이스라엘 백성이 애굽(이집트)에서 노예 생활을 한 후 400여년 만에 모세에 의해 출애굽 하여 약속의 땅 가나안으로 향하는 여정 중에 홍해를 건너야 합니다. 그리고 어린아이부터 노인까지 모든 이스라엘 백성들은 홍해 바다를 건넙니다. 홍해의 물이 좌우 벽이 되었다고 기록되어 있습니다. 이것이 구약에서 하나님이 이스라엘 백성에게 베푼 물세례입니다.

"형제들아 나는 너희가 알지 못하기를 원하지 아니하노니 우리 조상들이 다 구름 아래에 있고 바다 가운

데로 지나며, 모세에게 속하여 다 구름과 바다에서 세례를 받고." (고전 10:1-2)

자신의 삶을 하나님께로 돌이키겠다는 의지만 있으면 누구나 받을 수 있는 것이 물세례입니다.

성령세례

그럼 성령세례는 무엇입니까?

자신의 의지로나 타인의 도움으로 받을 수 있는 게 아닙니다. 또한 시간이 정해져있거나 계획한다고 성령세례를 받을 수 있는 것도 아닙니다. 성령세례는 전적으로 예수 그리스도를 향한 믿음의 간절함의 기초위에 부어주는 하나님의 은혜의 선물입니다.

성령은 사전적 의미[32])로 "① 성부, 성자와 함께 성삼위의 하나 ② 사람의 육체 속에 깃들여 있어 정신 작용을 다스리고 있는 것으로 생각되는 영묘한 성정" 이란 뜻입니다. 영어로 "Holy Spirit"거룩한 영입니다. 거룩하다는 뜻은 흠이 없고 완전하다는 의미가 있습니다. 바로 삼위일체의 하나님인 성

32) Daum 사전, https://dic.daum.net 2020.11.20.

령 하나님을 의미하고 있습니다. 하나님의 많은 속성 중에 하나가 공의입니다. 공의의 하나님은 죄와 함께 할 수 없기에 죄를 보면 반드시 심판해야 하고 죄가 있는 곳에 하나님의 성령이 함께 할 수 없습니다.

물세례는 죄로 더렵혀진 우리를 정결케 하기 위해 죄와 함께 죽는 것이라면 성령세례는 우리를 살리는 것입니다. 죄를 씻음받고 정결케 된 곳에 임하는 것이 성령세례입니다. 성령을 히브리어로 חור(RuWaCH, 루와흐)라 말하고 "성령" "바람" "호흡" 이라는 뜻입니다. 마치 바람처럼, 불덩이처럼, 혹은 알 수 없는 생명의 호흡처럼 우리 안에 들어오는 것입니다. 누구에게 성령님이 임하나요? 바로 준비된 자, 예비된 자에게 임하십니다. 그래서 세례요한이 외친 말씀이 "*주의 길을 예비하라*"하신 것입니다. 어떻게 주의 길을 예비하나요? 착한 행실과 열심있는 봉사와 희생하는 구제활동과 교회에 헌금을 많이 드린다고 해서 성령세례를 받는 것은 아닙니다. 이러한 열심은 물로 세례를 받을 수 도 있겠지만, 성령세례는 값없이 거저 받는 하나님의 은혜요 선물입니다.

성경을 잘 몰라도 예수님의 십자가 무엇인지 잘 몰라도, 단 한 가지 가장 진실 되고 가장 가난한자의 모습으로 하나님 앞으로 나아가는 마음의 결정만이 우리가 할 일입니다. 그 다음은 우리의 머리털 하나까지도 다 세시는 예수 그리스도께서 하나님과 우리 사이의 중보자로 우리의 마음을 붙들고 하나님 앞에 나아갈 때, 우리는 우리 자신의 마음의 문을 열기만 하면 됩니다. 그러면 예수 그리스도께서 영으로 우리에게 다가오고 그리스도의 영이 우리 안에 들어오십니다. 이것이 성령세례입니다. 그 결과 우리는 마귀의 자녀에서 하나님의 자녀로 다시 태어나 그리스도의 사람으로 거듭났다고 말할 수 있습니다.

결국 성령의 기름부음이 임하면 예수를 증거하지 않을 수 없고, 봉사하지 않을 수 없으며, 그리스도의 몸 된 교회를 섬기지 않을 수 없습니다. 우리 자신의 의지와 착한 성품으로 일하는 것이 아니라, 하나님의 은혜로 일하게 되는 것입니다.

> "내가 내 영(Spirit)을 모든 육체(All Fresh) 위에 부어 주리니 너희의 아들딸들은 대언하며 너희의 늙은이들은 꿈을 꾸고 너희의 젊은이들은 환상들을 보리라." (요엘2:28)[33]

> "누구든지 그리스도의 영이 없으면 그리스도의 사람이 아니라."(롬8:9)

결국 사도 바울이 갈리디아서 성도들에게 보낸 편지에 고백했던 말씀인 "*내가 그리스도와 함께 십자가에 못 박혔나니 그런즉 이제는 내가 사는 것이 아니요 오직 내 안에 그리스도께서 사시는 것이라 이제 내가 육체 가운데 사는 것은 나를 사랑하사*

33) 킹제임스 성경(KJV), 말씀보존학회, 1994년

나를 위하여 자기 자신을 버리신 하나님의 아들을 믿는 믿음 안에서 사는 것이라."(갈 2;20) 이 말씀이 우리 자신의 고백되기 원합니다.

구약말씀에서 성령세례의 증거를 찾아보겠습니다. 가나안을 들어가기 위해서는 요단강을 건너야 합니다. 홍해는 출애굽한 모든 이스라엘 백성들이 하나님을 믿는 믿음으로 건넜습니다. 그러나 홍해를 건넜던 모든 이스라엘 백성이 요단강을 건넌 것은 아닙니다. 홍해를 건넌 후 이스라엘의 12지파 중 각지파의 지도자 한 사람씩 12명을 가나안땅에 보내어 40일 동안 정탐한 후 돌아와서 모세와 아론에게 보고합니다. 그들 중 여호수아와 갈렙 만이 하나님이 가나안땅을 주신다는 약속을 믿어야 한다고 주장합니다. 그 결과 여호수아와 갈렙과 그들의 자녀들 그리고 정탐꾼들을 보냈던 그날 선악을 분별치 못한 백성들의 자녀들만 약속의 땅 가나안에 들어가게 됩니다. 그리고 하나님의 말씀대로 40년 동안 나머지 모든 백성들은 광야에서 죽게 되고 마침내 이스라엘 백성들이 가나안 땅을 들어가기 위해 요단강 앞에 서 있습니다. 요단강은 홍해를 건너는 것과는 전혀 다른 방법으로 건너게 됩니다. 먼저 여호와의 언약궤를 멘 제사장들이 앞장을 서서 요단강 물에 발을 내딛자 흐르는 물이 멈춘 후, 언약궤를 맨 제사장들이 요단강 가운데 왔을 때 멈춰 섭니다. 그 다음 이스라엘백성들이 하나님의 언약궤 앞으로 지나가고 난후, 제사장들이 어깨에 맨 언약궤가 요단강을 건너게 됩니다. 하나님의 임재가 머무는 언약궤 앞으로 백성이 지날

갈 때 성령세례를 받은 것입니다. 즉 물과 성령으로 거듭나지 않으면 하나님나라에 들어올 자가 없다는 말씀이 증명되는 기록입니다. 다시 말씀드리면 구약에서 홍해와 요단강을 건너지 않으면 약속의 땅 가나안땅에 들어갈 수 없다는 말씀이 신약의 물과 성령으로 거듭나지 않으면 하나님의 나라에 들어 갈 수 없다는 말씀을 예수님이 바리새인 사람 니고데모에게 말해주고 있는 것과 연결 지어 묵상 해볼 수 있습니다.

"예수께서 대답하시되 진실로 진실로 네게 이르노니 사람이 물과 성령으로 나지 아니하면 하나님 나라에 들어갈 수 없느니라."(요 3;5)

홍해를 건넜다고 모두가 다 요단강을 건넌 것이 아닌 것 처럼, 물로 세례를 받았다고 그리스도의 사람으로 거듭난 것은 아니라는 것을 깨닫기 원합니다.

물과 성령으로 거듭남의 예를 하나 더 들어보겠습니다. 열왕기상 18장에 엘리야 선지자가 북이스라엘의 7대왕인 아합 왕에게 바알 선지자 450명과 아세라 선지자 400명을 갈멜 산으로 모으라고 말하고, 누가 진짜 하나님인지 시험해보자고 요구합니다. 나무로 제단을 쌓고 나무위에 송아지 한 마리씩 각각 올려놓고 불은 붙이지 말고 바알선지자들은 바알 신 이름을 불러 하늘에서 불을 내리게 하고, 엘리야는 여호와의 이름을 불러 불로 응답하는 신이 진짜 하나님임을 입증하는 시험이었습니다. 바알 선지자의 제단에는 불이 내려오지 않았습니다. 이제 엘리야의 차례가 되었습니다. 엘리야는 여호와의 이름을 부르기 전에 12지파의 수효에 따라 12돌을 취하여 제단을 만들고 그 위에 나무를 벌려놓고 송아지의 각을 떠 나무위에 올려놓고 네 통의 물을 세 번 즉 12통의 물을 번제물인 송아지와 나무 위에 부으라고 합니다. 물이 제단으로 흐르고 제단 밑 주위 도랑으로 물이 가득찼습니다. 그리고 엘리야가 기도합니다. "*이 백성으로 주 여호와는 하나님이신 것과 주는 저희의 마음으로 돌이키게 하시는 것을 알게 하옵소서.*"(열상 18:37) 하매 여호와의 불이 내려서 송아지를 태울 뿐 아니라, 나무와 돌과 흙을 태우고 도랑의 물까지 핥았다고 기록하고 있습니다. 12통은 12지파를 의미하며 물을 부었다는 것은 먼저 이스라엘 백성의 죄를 깨끗케 씻어 준비한다는 의미입니다. 죄를 고백하고 정결케 된 후 하나님의 불, 즉 성령의 불이 임한다는 뜻입니다. 죄가 있는 곳에는 하나님의 임재가 거할 수 없기 때문에 먼저 우리의 죄를 깨끗하게 하는 고백이 우선돼야 한다는 의미입니다.

불은 히브리어로 에쉬(אש)라는 말입니다. "태우다", "소멸하다"라는 뜻입니다. 신명기 4장 24절 "*네 하나님 여호와는 소멸하시는 불이시오*" 여기서 "소멸하시는 불"이 에쉬(אש)입니다. 예수 그리스도께서 십자가에 죽으시고 우리 안에 죄악 된 모든 것을 불로 다 태우시는 성령 하나님을 예표하고 있으며 이러한 물과 성령의 능력이 복음의 능력으로 나타나고 이 능력이 하나님의 능력입니다.

"이 복음은 모든 믿는 자에게 구원을 주시는 하나님의 능력이 됨이라."(롬1:16)

4-3 복음의 능력인 그리스도로 옷 입자

하나님의 형상으로 덧입었다는 표현이 가장 어울리는 믿음의 조상이 있습니다. 아브라함입니다. 아브라함 이야기를 끝으로 하나님이 계획하시고 예수님이 완성하신 복음의 좋은 소식이 예수 그리스도를 삶의 주인으로 고백하는 모든 사람들과, 실패와 절망의 어둠에서 일어서지 못하는 사람들, 모든 것을 잃고 내일이 없는 절망 가운데 살아가는 사람들을 향한 하나님의 눈동자는 떠나지 않고 있음을 알려드리고 싶습니다. 이 복음을 접하는 모든 사람들의 호흡이 다시 살아나고 그 호흡이 성령의 호흡으로 변하여 몸의 모든 지체들이 성령의 호흡이 지나감을 느끼기 바랍니다. 그리고 일어나 밖으로 나가 하나님이 만드신 모든 환경이 우리를 위해 만드셨음을 보고 만지고 체험하기 바랍니다. 오직 눈으로 보이는 세상에 초점을 맞추지 말고 우리를 바라보는 하나님의 눈동자를 마음에 늘 기억하기 바랍니다. 마치 대장간의 뜨거운 불 가운데 앉아 우리를 단련시키는 하나님 손이 한 사람 한사람을 굳건히 붙들고 계심을 믿기 바랍니다. 단 한 순간도 우리를 향한 하나님의 눈동자가 떠나지 않고 지금도 지치고 연약한 우리들을 바라보고 계시면서 하나님의 형상이 우리들로 부터 반사되는 순간 하나님은 우리들을 하나님의 영광을 위해 사용하실 것입니다. 이것이 하나님의 능력이요 복음의 능력입니다.

하나님은 어느 날 아브라함이 100세 되어 얻은 아들 이삭을 번제로 드리라고 합니다. 장작더미 위에 이삭을 놓고 불로 태워 하나님께 제사 드리라는 요구를 하신 것입니다. 그런데 아브라함은 망설임 없이 아침 일찍 일어나 하나님이 일러주신 모리아 땅에 있는 산을 삼일 길 걸어서 갑니다. 그리고 이삭을 하나님께 드릴 제물로 나무위에 눕히고 칼을 들어 망설임 없이 이삭을 내려치려는 순간 하나님의 음성이 들립니다. "*아브라함아! 아브라함아! 그 아이에게 손대지 말라*"하십니다. 그리고 이렇게 말씀 합니다. "*이제야 네가 하나님을 경외하는 줄을 알았노라*"고 하십니다. 대부분은 사람이 하나님께 고백하는데 하나님이 사람인 아브라함에게 고백하고 있습니다.

하나님은 다른 말로 아브라함에게 말할 수도 있었을 것입니다. "이제야 하나님을 사랑하는 줄 알았노라" 혹은 "이제야 하나님을 온전히 믿는 줄 알았노라"등의 말씀을 할 수 있었을 것입니다. 아브라함의 삶을 돌이켜보면, 75세에 하란에서 하나님의 부르심을 받고 약속의 아들 이삭을 낳기까지 25년간의 세월 동안 많은 일들을 겪습니다. 하나님은 아브라함을 믿음의 조상으로 세우셨고, 복의 근원으로 축복하셨고, 여호와를 믿으니 이를 아브라함의 의로 여겼다고까지 말씀하셨습니다. 그러나 어두운 면도 있었습니다. 자신이 죽음의 위험에 처할 때 두

번이나 아내를 누이라고 속이기까지 하였으며 아내 사래의 여종으로부터 이스마엘이라는 아들까지 낳기도 합니다. 그리고 이삭이 10대 소년으로 성장하기까지 오랜 시간이 흐른 후, 하나님은 아브라함을 시험하고자 이삭을 번제로 바치라 하고 아브라함이 이삭을 죽이려는 순간 급하게 하나님이 아브라함아! 아브라함아! 부르면서 하나님이 하신 말씀이 "*이제야 네가 하나님을 경외하는 줄 알았노라*"라는 아브라함을 향한 기쁨의 고백이었습니다.

표 2-14 에서 보여주듯이 킹제임스 성경은 "Fearest God" 번역하면 "가장 두려운 하나님"입니다. NIV 영어 성경에는 "Fear God"번역하면 "두려운 하나님"이라고 번역되어 있습니다. 우리나라 개역개정 에는 "하나님을 경외"라고 번역되어 있습니다. 경외(敬畏)란 한자의 뜻은 존경과 두려움을 내포하고 있습니다. 히브리어로 야레(יָרֵא, YaRe) "두려워하다", "존경하

표 2-14 네가 이제야 나를 경외 하는 줄 아노라

개역개정	새 번역	KJV	NIV
네가 네 아들 네 독자까지도 내게 아끼지 아니하였으니 내가 이제야 네가 하나님 을 경외하는 줄을 아노라	네가 너의 아들, 너의 외아들까지도 나에게 아끼지 아니하니, 네가 하나님 두려워하는 줄을 내가 이제 알았다."	for now I know that thou fearest God,	Now I know that you fear God

다", "경배하다"라는 뜻이 있습니다. 아브라함에게 하나님은 단순히 신으로서 두려워하고 경배하는 대상을 뛰어넘는 그 이상의 존재였습니다. 사람의 생각까지도 정확히 아시고 불가능도 가능케 하시는 전지전능하신 인격적인 분으로 아브라함 삶 속에 늘 함께 하시는 하나님임을 알았습니다.

하나님은 믿음의 사람들에게 확인하고 싶어 하는 것을 아브라함에게서 찾은 것입니다. 하나님이 아브라함에게 고백한 경외란 표현은 마치 금 세공인이 금을 불속에 집어넣어 모든 불순물을 완전히 태우고 금 표면에서 금세공인의 형상이 보이는 순간 100% 정금이 된 모습을 말합니다. 즉, 아브라함의 모습에서 하나님 자신의 형상이 반사된 순간을 아브라함이 하나님의 형상으로 덧입혀졌음을 확인하고 너무 기뻐 하나님이 아브라함에게 한 말씀이 "이제야 네가 하나님을 경외하는 줄 알았노라"는 고백입니다.

75세 때 고향을 떠나 100세 때 외아들을 얻기까지 아브라함은 많은 연단을 받았습니다. 그 연단 속에서 하나님은 금세공인처럼 아브라함에게서 단 한 순간도 눈을 떼어보지 않았습니다. 아브라함이 하나님께 제단을 쌓고 감사의 제사를 드려도 침묵 하셨고, 아내를 누이라 속이는 실수를 하여도 아무런 책망을 하지 않았습니다. 더욱이 아내 사래의 몸종인 이집트여인 하갈에게서 이스마엘을 낳았어도 책망하지 않으셨습니다. 하나님은 아브라함이 100% 연단되어 아브라함의 모습을 통하여 하나님의 형상을 보기위해 약 40여년의 오랜 세월을 기다렸던 것입니다.

아브라함이 가지고 있었던 모든 불신과 의심의 불순물이 다 없어짐으로 하나님이 살아계심과 그 분의 눈동자가 아브라함 자신을 떠나지 않는다는 것을 온몸으로 느꼈을 때 아브라함은 하나님 형상으로 새 옷을 입게 된 것입니다. 자신의 생각과 판단과 경험은 다 없어지고 자신의 삶속에 오직 하나님이 일하신다는 믿음으로 하나님과 하나된 것입니다.

예수 그리스도를 우리들 삶의 주인으로 모시는 순간 그리스도의 영은 우리들을 단 한 순간도 떠나지 않는다는 것을 믿기 바랍니다. 좌절하고 실패하고 때로는 실수하고 잘못 하였다 해도 성령 하나님의 눈동자가 우리를 떠나지 않습니다. 마침내 이 세상 풍속을 쫒는 옷을 입고 살았던 모습에서 그리스도의 옷으로 입혀지는 순간을 발견 할 때 그리스도의 영이신 성령님이 다음과 같이 우리들에게 고백하실 것입니다.

각자의 이름을 부르며 읽으세요

"____야! ____야! 이제야 네가 야훼(יהוה, YaHWeH) 하나님을 경외 하는 줄 내가알았노라"라고 고백하실 것입니다. 야훼, 즉 "손을 보라 못을 보라"예수님이신 하나님의 형상이 우리들의 모습에서 찾게 되는 순간, 세상이 감당할 수 없는 믿음의 용사로 쓰임 받게 될 것입니다. 우리 자신이 나는 크리스천이라 말하지 않아도 우리의 모습에서 그리스도의 향기가 나며 그리스도의 능력이 나타남을 믿기 바랍니다. 예수님이 아꼈던 제자 베드로가 고백한 베드로전서 3장 15절의 말씀을 늘 기억하며 우리도 그리스도를 향한 소망에 대한 대답할 준비를 늘 하기 바랍니다.

> "너희 마음에 그리스도를 주로 삼아 거룩하게 하고 너희 속에 있는 소망에 관한 이유를 묻는 자에게는 대답할 것을 항상 예비하되 온유와 두려움으로 하고."
> (베전 3:15)

저자의 간증: "성령 하나님께 맡긴 삶"

1998~1999년 저는 캐나다 온타리오주 헤밀턴(Hamilton)시에 소재한 멕매스터 대학교(McMaster University) 에서 GIS 전문가 과정(Geographic Information System Specialist

Program)을 공부하고 있었습니다. 여섯(6) 과목의 시험을 통과해야 GIS 전문가 과정의 인증서(Certificate)를 받는 과정이었습니다. 일주일에 3일간 워터루시에서 학교까지 3시간을 왕복하며 공부해야 했습니다. 교회에서 맡은 직분도 있고 수요일과 주말에는 교회에서 청년 학생들을 가르치는 교사였기에 시간이 소중하였고 가난한 유학생 시절이라 가능한 3학기 안에 여섯 과목을 실수없이 통과해야만 했습니다. 여섯과목 중 "공공행정의 GIS 실습 및 응용"이란 과목이 있는데 강의 첫 시간 교수님께서 위 과목은 쉽게 통과하는 과목이 아니라고 겁(?)을 주면서 덧붙이기를 지난학기 과목 평균이 D학점이라고 강조하셨습니다. 수강하면서 느낀 점이 교수님 말이 농담이 아니구나! 라는 것을 새삼 느꼈습니다. 위 과목은 특히 공공행정에 필요한 GIS 시스템 구축에 대한 진행과정을 암기해야하는 부분이 많은 과목이었습니다.

기말고사가 있는 날이었습니다. 오후 6시에 시작하여 9시에 끝나는 3시간동안 치러지는 시험이었습니다. 저는 시험이 있는 아침 일찍 서둘러 학교 강의실에 들어가 자리를 잡고 공부하기 시작했습니다. 물론 강의실에는 저 혼자뿐 이었습니다. 공부하면서 중요한 부분들은 책상에 빼곡히 적어 놓으며 공부하고 있었습니다. 약 서너 시간이 흘렀을 정도로 열심히 공부하며 중요한 부분들은 책상위에 적다보니 책상 위가 깨알 같은 글씨로 가득 차더군요. 소위 말하는 "컨닝" 페이퍼를 책상위에 작성해 놓은 것입니다. 거의 준비를 끝내고 나니 마음의 안정과 여유가 생기게 되었습니다. 그런데, 갑자기 내안에 성령님이 저에게 이런 말씀을 하는 것 같았습니다. "너는 그리스도의 사람인데 아무도 보는 사람 없다고 사람을 속이고 하나님을 속이려고 하느냐" 라는 말씀이 제 마음에서 들리기 시작했습니다. 순간 갈등이 일어났으며 그냥 지나쳐 버리려 해도 마음속에 "너는 그리스도의 사람이잖아"라는 말이 계속 맴돌기 시작하며 성령이 제 마음을 강하게 주장하는 듯한 느낌이드는 순간 화장실로 달려갔습니다. 그리고 무릎을 꿇자마자 나 자신의 위선과 거짓된 모습 때문에 회개기도가 터져 나오기 시작했습니다. 그리 길지 않은 시간이었지만 회개 기도를 한 후 강의실에 돌아와 책상위의 빼곡히 적어놓은 것들을 깨끗이 지우고 혹시나 흔적이 남아 있을까봐 공부하고 있던 책상을 교실 가장 구석진 곳에 있던 책상과 바꿔 놓았습니다. 그 순간 제 마음속에 "하나님! 제가 시험을 통과하지 못할지라도 그리스도의 사람으로 살아가는 길을 선택하게 하심과 하나님의 자녀 됨이 부끄럽지 않게 해주심을 감사 드립니다"라는 고백과 함께 말할 수 없는 평강과 기쁨의 눈물이 흘러내리고 있었습니다. 그리고 시간을 보니 시험시작까지 4시간 정도 남더군요. 암기하고 이해해야하는 책과 강의노트의 분량은 300페이지 정도 되었고 영어로 된 교재이기에 저에게는 큰 부담이었습니다. 그러나 설령 시험에 통과하지 못해도 정말 감사할 수 있다는 믿음이 제 안에 가득하였습니다. 4시간 동안 300페이지의 분량을 다 읽고 공부를 마친 후, 시험시간이 되어 시험지를 받아본 순간 공부했던 것들이 선명하게 기억되면서 문제가 막힘없이 풀어지는 것이었습니다. 저는 3시간이 길거나 짧다는 생각 없이 기쁜 마음으로 시험을 잘 마치고 차를 타고 집에 가는데 승리의 기쁨을 느꼈습니다. 시험을 잘 치러서가 아니라, 나의 가장 귀한 것을 버리고 하나님을 붙들었다는 믿음이 너무도 기뻤습니다. 운전하면서 “하나님 감사 합니다”라고 외치며 기쁨의 눈물을 흘린 기억이 납니다.

지금 돌이켜보면 학창시절 시험이 인생의 큰 부분은 아니지만, 그 당시 저에게는 인생의 전부였습니다. 한국이 아니라 타국 땅에서의 학위나 자격증은 생존 경쟁의 중요한 요건 중에 하나였기에 가장 소중한 것을 버린다는 것은 결코 쉬운 결단은 아니었습니다. 그러나 하나님을 붙들었다는 그 믿음이 얼마나 기뻤던지 말로 표현 할 수 없었습니다. 그 결과 학과 평균 D 학점인 과목을 B 학점으로 마쳤으니 하나님이 하셨다는 고백을 지금도 하고 있습니다.

우리가 살아가면서 선택해야 하는 상황을 자주 접할 것입니다. 그 선택은 늘 우리들의 경험과 지식 안에서만 해결해 보려고 하기에 그 한계를 넘어 다가올 결과는 불확실하여 두려움으로 변하기 때문에 사람들은 눈에 보이고 만져지는 현실 안에서 최상의 선택을 하려고합니다. 선택을 해야 하는 상황은 오히려 복음을 믿고 살아가는 사람들에게 더 많을 때가 있고, 복음을 모르는 사람들은 오히려 고민과 갈등 없이 선택할 때가 많을 것입니다. 선택을 위한 갈등을 하는 이유는 그리스도의 사람이라 고백하며 살아가는 삶이 부끄럽지 않기 위해 표현되는 마지막 몸부림 일 것입니다. 이 세상의 풍속을 따르는 것이 상식적이고 비록 양심에 조금 꺼리길지라도 남에게 피해주지 않는 한 넓고 쉬운 길을 가는 것이 당연하게 느껴질 때가 많습니다. 그러나 내안에 복음을 믿는다는 이유로 세상풍속이 아닌 좁고 손해 보는 길, 혹은 움켜줬던 것을 내려놓아야 할 때 도 있습니다. 그 이유는 예수 그리스도를 믿는 고백의 표현인 동시에 하나님께 온전히 맡기는 믿음의 고백이기도 합니다. 맡긴다는 것은 결코 포기하는 것이 아니고, 결과가 무엇이든 받아들인다는 고백입니다. 그 고백의 표현이 바로 하나님 손에 맡기는 것입니다. 그 다음은 하나님이 일 하십니다. 우리 자신을 위해서가 아니라 하나님이 하나님 됨을 나타내기 위해서 일하셔야하기 때문입니다.

그리스도 안에서 형제 자매된 여러분! 그리스도의 사람으로 하나님이 기뻐하시고 영광받기 합당한 선택을 할 때 모든 것이 합력하여 선을 이룬다는 말씀을 늘 기억하기 바랍니다.

3 부

그리스도의 복음을 품은 사람들의 삶

오늘날 그리스도인은 삶의 분주함 속에서 성경 말씀을 묵상할 기회마저 상실한 채 살아가고 있습니다. 그리스도인의 삶은 성경 그 자체입니다. 늘 곁에 두고 음미하면서 생생하게 살아 움직이는 하나님의 섭리를 가슴으로 깨달을 수 있어야 합니다. 특히 예수 십자가 구원의 진정한 의미가 무엇이고, 거듭난 크리스천들이 어떤 모습으로 살아가야하고, 그리스도에 속한 자의 사명이 무엇인지 깨닫기 원합니다. 아울러 거듭난 크리스천들에게 주어진 기름부음 받은 그리스도의 권세 받은 자로서 그리스도의 옷 입고 왕 같은 권세와 선지자로서의 권세 그리고 대제사장과 같은 권세로 살아가는 삶의 의미를 확고히 재조명하고자 하고자 합니다.

"주의 성령이 내게 임하셨으니 이는 가난한 자에게 복음을 전하게 하시려고 내게 기름을 부으시고 나를 보내사 포로 된 자에게 자유를, 눈먼 자에게 다시 보게 함을 전파하며 눌린 자를 자유케 하고 주의 은혜의 해를 전파하게 하려 하심이라 하였더라." (눅 4:18 -19)[34)]

34) 새번역 성경, http://www.holybible.or.kr/

1장 하나님을 경외하는 삶의 시작으로부터

·
·
·

제 1부와 2부에서 하나님의 말씀은 설화처럼 꾸며낸 이야기가 아니고 실제 있었던 하나님의 사역을 택한 받은 백성들이 성령의 감동으로 쓰여져 수천 년 동안 전해 내려오는 사실이라는 것을 깨달았습니다. 또한 예수님이 그리스도로 이 땅에 오셔서 우리들을 하나님과 다시 연합하게 하는 생명의 길을 열어 주셨다는 "좋은소식"이 무엇인지도 살펴보았습니다.

이제 그 놀라운 사랑의 하나님의 은혜에 보답하는 삶을 살아가는 것은 예수 그리스도를 나의 주님이라 고백하는 모든 믿는 자들의 몫입니다. 생명의 길은 모든 사람들에게 열려있지만, 그 길로 가는 사람은 오직 복음을 믿고 받아들이는 자에게만 주어진 길입니다. 그러한 사람들이 그리스도의 사람이라 일컬음을 받습니다. 그리스도의 사람들이 살아가는 길은 이 세상의 풍속을 따르는 사람과는 많이 다릅니다. 넓은 길 대신 좁은 길을 가야하고, 나를 위한 삶이 아니라 내 주변과 남을 살리는 삶이며, 때로는 억울해도 변명하지 못하고 참아내고, 내 삶의 주인 되신 예수 그리스도께 맡기는 삶이며, 나 자신의 편안하고 즐거움이 내 삶의 목적이 아니라, 주변 사람들이 주안에서 평안의 즐거움과 기쁨을 누릴 때 내안에 넘치는 주님이 주시는 편안함과 기쁨으로 보답 받는 삶이 그리스도의 사람으로 살아가는 사명입니다. 우리는 하나님의 일을 하고 하나님은 우리들의 일을 하는 것입니다.

이러한 그리스도의 사명은 사람의 의욕이나 한 순간 눈물의 회개와 교회에서 열심히 봉사하고 구제하는 일에 앞장선다고 그리스도의 사람의 삶을 살아내는 것은 아닙니다. 오직 나 자신은 없고 내안에 예수 그리스도가 주인 되어 나의 생각과 마음을 주장할 때 비로소 두려움과 담대함으로 살아가는 삶입니다. 마치 아브라함이 하나님은 살아계셔서 자신의 삶속에 인격적으로 존재하시는 전지전능하신 하나님의 형상의 옷으로 덧입고 살았던 것처럼 말입니다. 아브라함은 하나님을 향한 믿음의 차원을 넘어섰습니다. 엄밀히 말하면 믿음은 이성적인 자기의지와 결단이 필요합니다. 다시 말하면 어느 한계상황에 다다랐을 때 믿음이 흔들릴 수도 있다는 것입니다. 그런데 아브라함은 인간의 한계상황을 넘어서는 상황에서 망설임 없이 이삭을 하나님께 불로 태워 드리려고 합니다. 이러한 아브라함을 보고 하나님의 고백이 "아브라함아! 네가 이제야 나를 경외하는 줄 알았다"고 하신 것입니다. 아브라함에게는 하나님을 믿어야 한다는 생각이 아니라 당연히 하나님이 매일 아브라함의 삶속에 인격적으로 함께 계신다는 것을 알았던 것입니다. 늦둥이가 아닌 세상에 태어날 수 없었던 아들 이삭이 성장하면서 인생의 아버지로서 이삭과 같이 나눴던 추억과 정까지도 모조리 가져가겠다는 하나님의 말씀에 아브라함은 망설임 없이 순종했습니다. 왜냐하면 전능하고 사랑의 하나님을 인격적으로 알고 있는 아브라함은 이삭을 죽이면 다시 살리거나 혹은 전혀 생각지도 않은 방법으로 아브라함과 아들 이삭과의 모든 추억과 기억을 완전히 회복시킬 거라고 확신했기 때문입니다.

한 가지 이해를 돕기 위해 예를 들어보겠습니다. 낳아주고 길러주신 부모님을 생각할 때 “이 분들이 나의 부모님임을 내가 믿어야지”라고 생각해 본적이 있었나요? 아마 단 한 번도 생각해보지 않았을 것입니다. 우리의 삶속에 당연히 계셔야하는 분들이지 만약 안 계신다는 현실이 오히려 믿어지지 않을 것입니다. 그런데 하나님은 우리의 아버지일 뿐만 아니라 전지전능한 분이라는 사실을 알고 있을 때 불가능이 어디 있겠습니까? 바로 이러한 관계가 아브라함과 하나님사이에 존재했다는 것입니다.

2장 예수 그리스도와 하나 된 삶

·
·
·

아브라함과 하나님의 인격적인 관계처럼 우리도 예수 그리스도와의 관계가 우리의 삶속에 당연한 인격적인 존재로 내안에 생명의 주인 됨을 느끼고 지각하는 삶을 살아야 하지만, 나의 의지적인 결단으로 내 삶속에서 예수 그리스도를 변함없이 믿는다는 것은 결코 쉬운 일은 아닙니다. 더욱이 세상풍속을 좇는 지식과 경험이 익숙한 사람들의 삶속에서 예수그리스도를 좇는 삶은 더더욱 쉽지 않을 것입니다. 그 사회가 생활전반에 걸쳐 전통과 습관처럼 전해 내려오는 삶의 가치를 어디에 두고 있는가에 따라 삶이 추구하는 목적과 방향 그리고 판단기준은 그 사회의 보편적인 삶의 풍속이 되어갈 것입니다. 그럼 이 세상풍속이 추구하는 삶의 가치는 어디에 있다고 생각하십니까?

대략 3가지로 정리해볼 수 있습니다. 첫째, 먹고 즐기려는 인간이 살아가는 본능적인 육신의 만족을 좇는 욕망일 것입니다. 성경에서는 이러한 감정을 일컬어 "육신의 정욕"이라 하였습니다. 둘째, 눈에 보이는 것에 대한 소유욕입니다. 화려하고 멋있고 아름다운 희소가치가 있는 것들을 소유하고자하는 욕망입니다. 이러한 감정을 "안목의 정욕"이라 성경은 말하고 있습니다. 마지막 세 번째로는 자신이 타인보다 더 낳은 생활형편과 생활능력을 자랑하고 싶어 하는 욕망입니다. 이러한 욕망을 성경에서는 "이생의 자랑"이라 말하고 있습니다. 물론 좋은 것을 먹고 즐기고 소유하고 자랑하고 싶어 하는 마음은 보편적인 사회생활의 좋은 활력소 일 수 있습니다. 그러나 삶의 목적과 방향이 더 많은 것, 더 좋은 것, 더 높은 것 등을 쫓는 삶이라면, 그 시점부터 물질이 최상의 가치로 변해가고, 눈에 보이는 것에 대한 가치평가로 사람을 판단하고 결국 자신의 만족을 위한 탐욕이 정당화되어가는 삶이 이 세상풍속으로 정착되어 갈 것입니다. 약 2000년 전 사도요한의 첫 번째 편지에 세상의 풍속을 잘 묘사하고 있습니다.

"이는 세상에 있는 모든 것이 육신의 정욕과 안목의 정욕과 이생의 자랑이니 다 아버지께로 좇아 온 것이 아니요 세상으로 좇아 온 것이라."(요일 2;16)

그럼 육신의 정욕, 안목의 정욕 그리고 이생의 자랑은 무엇으로부터 시작될까요? 사람의 일상적인 삶의 영역에서 바라볼 때, 바라보는 대상에 대한 가치의 정도와 그 대상을 소유하고자하는 강한 욕망으로부터 시작될 것입니다. 가치가 크다 혹은 적다라는 판단기준은 그 대상이 사람들에게 미치는 물질적 혹은 정신적 영향의 파장에 따라 눈에 보이는 사람들의 삶의 질을 결정짓는 척도가 될 수 있기 때문입니다. 그 대상에는 "돈", "직장", "건강", "명예", "권력", "인간관계", "집", "재산" 등의 다양한 범주들로 구분해볼 수 있습니다. 이러한 대상들이 사람들의 삶속에 미치는 영향력은 삶의 전부라 해도 과언은 아닐 것입니다. 예를들어, "100억"이라는 돈의 가치가 얼마나 큰지 설명할 필요가 없습니다. "100억"이라는 돈의 가치의 중요성은 내안의 지식과 경험 그리고 이성적으로 정확하고 구체적으로 잘 알고 있기 때문입니다. 이러한 가치들을 사람들은 설명하고 이해시키는 것이 아니라, 그 가치를 표현하는 방법 중 하나가 "100억", "10억", 혹은 "1억"등의 가치를 정하는 이름입니다. 각각의 이름이 전달될 때 그 가치의 성격과 크기 그리고 그 돈의 능력이 무엇인가를 아주 구체적으로 알게 되는 것입니다.

잠시 창세기 말씀으로 돌아가겠습니다. 하나님이 아담에게 생명의 호흡, 즉 생명의 지혜를 불어넣은 후 아담이 첫 번째 행한 일은 모든 들짐승과 공중의 새들에게 이름을 지어준 것입니다.

> "여호와 하나님이 흙으로 각종 들짐승과 공중의 각종 새를 지으시고 아담이 어떻게 이름을 짓나 보시려고 그것들을 그에게로 이끌어 이르시니 아담이 각 생물을 일컫는 바가 곧 그 이름이라." (창 2:19)

이름을 지어 줬다는 것은 각종 짐승들에게 고유의 가치를 표현할 수 있는 특징과 성품 그리고 생김새까지도 표현할 수 있는 고유한 표현 방법이었습니다. "사자"라는 이름 속에는 크고 용맹하고 날카로운 이빨과 포효하는 소리까지도 그 이름 속에 구체적으로 묘사되어 있습니다. 그래서 사자의 이름을 떠 올릴 때 "사자"라는 문자적 표기가 아니라, 사자의 특징, 성품 그리고 생김새가 구체적으로 마음속에 그려지게 되는 것입니다. 또 하나의 예로서 세상이 발달하고 복잡해지고 환경이 오염되면서 육체적 질병들도 다양하고 복잡해지고 있습니다. "위암", "대장암", "당뇨", "고혈압", "에이즈", "코로나"등과 같은 질병들의 이름들이 붙여지고 있습니다. "위암"이라는 병 이름만 들어도 고통과 죽음 이라는 무서움과 두려움이 사람들 마음속에 구체적으로 그려집니다, 즉 위암으로 인한 무서움과 두려움이 주는 삶의 가치가 얼마나 고통스러운지 정확히 알 수 있기 때문입니다. 이처럼 생명이 있든 없든 모든 피조물 혹은 모든 현상에는 이름이 있습니다. 그 이름에는 기쁨과 슬픔, 즐거움과 괴로움, 평안함과 두려움, 화해와 다툼, 소망과 절망, 생명과 죽음 이라는 특징과 모양과 성품들이 그 대상의 가치로 존재하고 있다는 사실을 깨닫기 원합니다. 국래서 사람들은 돈, 권력, 명예, 음란, 쾌락, 욕심 이라는 이 세상풍속을 구성하고 있는 수많은 이름아래 존재하는 육신의 욕망과 정욕 그리고 이생의 자랑이 삶의 최우선으로 자리매김하고, 결국에는 혼돈과 공허와 한치 앞을 알 수 없는 흑암 중에 헤매는 자신의 모습을 발견할 것입니다.

그럼 과연 "이러한 모든 이름들이 주관하는 세상풍속을 사람들의 노력과 제도 등으로 새롭게 하고 세상이 주는 정욕들을 다스릴 수 있을까?"라는 질문을 던져보겠습니다. 답은 다스릴 수 있다고 성경은 말하고 있습니다. 사도 바울이 빌립보에 있는 성도들을 격려하고자 쓴 편지에 이 세상 모든 이름위에 뛰어난 이름을 주셨고, 그 이름아래 모든 이름들이 무릎 꿇게 하신다고 말하고 있습니다.

> "이러므로 하나님이 그를 지극히 높여 모든 이름 위에 뛰어난 이름을 주사 하늘에 있는 자들과 땅에 있는 자들과 땅 아래 있는 자들로 모든 무릎을 예수의 이름에 꿇게 하시고" (빌 2: 9-10)

바로 예수의 이름아래 무릎 꿇게 하신다고 말하고 있습니다. 아마도 교회를 다녀본 사람들은 "예수", "그리스도"라는 이름을 수없이 들었을 것입니다. 또한 매번 기도 할 때마다 "예수님 이름으로 기도 합니다"라고 고백하며 아멘으로 기도를 마칩니다. 그런데 많은 크리스천들의 삶은 어떻습니까? 이 세상의 풍속을 쫓고 세상이 주는 정욕들을 쫒다가 넘어지고 절망하며, 더 나아가 "예수님은 없다"라고 부인하며 교회를 떠나기까지 하는 모습들을 자주 찾아볼 수 있습니다. 하나님은 분명히 모든 이름위에 뛰어난 이름인 예수의 이름을 우리에게 주셨다고 했는데, 왜 크리스천들은 이 세상의 풍속을 쫓는 이름아래 넘어지며 허우적거릴까요? 그 열쇠는 "예수"라는 이름의 가치를 정확히 알지 못하기 때문일 것입니다. 단지 "예수"의 이름을 안다고 능력과 기적이 나타나는 것은 아닙니다. 그 이름을 부를 때 예수님의 인격과 속성의 가치가 내안의 지식과 경험 그리고 이성으로 정확히 알고, "예수"이름에 늘 존재하였던 그분의 전지전능한 속성과 인격이 나와 하나 되어 일하게 될 때, 예수의 이름은 모든 이름 중에 뛰어난 존재가 되는 것입니다. 이러한 구체적인 믿음이 나와 하나 될 때 세상 풍속을 주관하는 모든 이름들을 다스릴 수 있다고 사도바울이 빌립보 성도들을 향하여 외친 것입니다.

또한 예수님은 우리들 한 사람 한 사람의 이름을 알기만 하는 것이 아니라, 머리털하나까지 세신다고 성경은 말하고 있습니다. 예수님은 삭개오, 시몬, 마태, 바울의 이름을 아는 것뿐만 아니라, 그들의 특성과 성품까지도 알고 계셨습니다. 이처럼 믿음의 사람들이 예수 이름의 능력과 속성을 정확히 알고 예수님이 우리들 한 사람 한 사람을 인격적으로 알게 될 때, 예수를 아는 모든 사람들은 예수님과 하나 되어 비로소 이 세상 모든 이름들이 예수의 이름아래 굴복된다는 믿음을 붙들 수 있습니다. 그리고 모든 이름위에 뛰어난 예수의 이름으로 무엇이든 구할 때 반드시 응답하겠다고 약속하고 계십니다.

"지금까지는 너희가 내 이름으로 아무 것도 구하 지 아니하였으나 구하라 그리하면 받으리니 너희 기쁨이 충만하리라."(요 16:24)

사도행전 19장에 예수 그리스도의 이름에 대한 예화가 있습니다. 어떤 유대인들이 마술을 부리고 시험적으로 귀신들린 자들에게 바울이 선포하는 예수의 이름으로 엄히 명하며 사도 바울 흉내를 내며 여기저기 돌아다니고 있었습니다. 그리고 유대의 한 제사장의 아들들도 귀신들린 자들에게 예수의 이름으로 명하며 흉내 내며 떠돌아다니다가 그 아들들에게 어느 악한 영이 대답합니다. "내가 예수님도 알고 바울도 알거니와 너는 누구냐?"하며 악한 영 들린 사람이 그 아들들에게 뛰어올라 눌러 이겼다고 기록되어 있습니다. 단순히 이름을 안다고 해서 능력이나 기적이 나타나는 것은 아닙니다. 그 이름을 가진 분의 인격과 속성을 정확히 알아야 합니다. 잠시 호세아 선지자가 외쳤던 말을 되새겨보겠습니다. "*내 백성이 지식이 없어 망하는도다*" "*여호와를 알자, 힘써 여호와를 알자*"

알다(Know)라는 말은 히브리어로 "라다아트(לָדַעַת)"이고 뜻은 "단단히 쥐다"입니다. 마치 갓난아이가 엄마 손가락을 꽉 쥐는 것처럼 말입니다.

다음 장을 통하여 "예수", "그리스도" "여호와", "야훼" 라는 이름과 칭호에 담겨있는 신비와 능력이 무엇인지 깨닫고, 그 이름과 칭호를 마음속으로 꽉 움켜쥐기 원합니다. 그 이름은 단순히 불려지는 호칭뿐 만이 아니라, 그 이름 안에 성품과 인격과 능력의 비밀과 신비를 알고 믿고 움켜쥘 때 비로소 예수 이름의 뛰어난 능력이 이 세상풍조인 육신의 정욕, 안목의 정욕, 이생의 자랑을 쫓지 않고 하나님이 축복하시고 번성케 하시고 다스리게 하시고 보기에 참 좋았더라는 하나님의 뜻을 쫓는 삶을 살기위한 힘과 용기와 담대함이 내안에 거하게 됩니다.

2-1 예수

"예수"는 영어로 Jesus 이고, 히브리어로 예슈아(ישועה, YeSHuWa) 입니다. 예수 이름을 정확히 이해하기 위해 출애굽기 14장 13절을 살펴보기 위해 히브리어 원문과 가장 비슷하게 번역된 킹제임스 성경말씀을 비교해 보겠습니다. 이 구절은 홍해를 앞에 두고 이집트 군사가 이스라엘백성을 추격해오는 상황에서 모세가 백성에게 외치는 소리입니다.

> "모세가 백성에게 이르되, 너희는 두려워하지 말고 가만히 서서 오늘 주께서 너희에게 보여 주실 그분의 구원을 보라." (출14:13)

> "and see the salvation of the LORD."(Exodus 14;13)

표 3-1 히브리어로 살펴본 "주님의 구원을 보라"는 의미

히브리어 원문[35]	번역본	
וראה את ישועת יהוה ו (바브: 그리고) ראה (라아: 보다(빛을보다, 하나님의 얼굴을 보다) את (에트: 바로 그) ישועה (예슈아: 구원) יהוה(야훼: 여호와)	여호와께서 오늘날 너희를 위하여 행하시는 구원을 보라	개역개정 (한글)
	and see the salvation of the LORD, (그리고 주님의 구원을 보라	킹제임스 흠정음 (KJV: King James Version)
	you will see the deliverance 너희는 구원을 보라	NIV (New International Version)

"그분의 구원을 보라", 즉 "주님의 구원을 보라"는 말씀을 통해 여호와 하나님이 예수님 이라는 것을 증명해 보겠습니다. (표 3-1 참고)

표 3-1에서 아주 중요한 히브리어 단어 두 개 있습니다. יהוה (야훼)와 ישועה (예수아)입니다. 표 3-2는 "야훼"와 "예슈아"를 히브리어로 살펴본 도표입니다.

יהוה(YHWH)를 히브리어 자음 하나하나 발음 하면 "Y(י:요드)" "H(ה: 헤이)" "W(ו: 와우)" "H(ה:헤이)"로 발음됩니다. 이 자음의 발음을 조금 빨리하면 "요드헤이 와우헤이" "야훼(YaHWeH)"로 발음되고 여기에 모음을 넣어서 히브리어로 YeHoWaH(예호바)

35) 히브리성경, https://www.hebrewoldtestament.com/

로 발음하기도 합니다. 우리말로 "여호와"가 됩니다. 여호와 이름의 문자적인 뜻은 "손을 보라 못을 보라"입니다. 예수님께서 십자가에서 못 박히심을 여호와의 이름에 나타내고 있습니다. 바로 여호와 하나님이 예수님임을 말해주고 있습니다.

사람의 몸으로 이 땅에 오셔서 십자가에 손과 발에 못 박혀 죽으심으로 인류를 구원하실 계획을 여자의 후손을 통하여 성취하겠다는 예언을 이루신 것입니다.

표 3-2 히브리어로 살펴본 "야훼" 와 "예슈아"[36]

<table>
<tr><th colspan="5">יהוה (야훼 = 여호와) 주(LORD)[37]</th><th colspan="5">ישועה (예슈아 = 예수) 구원</th></tr>
<tr><th>히브리 자음</th><th>소리</th><th>발음</th><th>고대 히브리어[38]</th><th>뜻</th><th>히브리 자음</th><th>소리</th><th>발음</th><th>고대 히브리어</th><th>뜻</th></tr>
<tr><td>י</td><td>Y</td><td>요드</td><td></td><td>손, 일하다</td><td>י</td><td>Y</td><td>요드</td><td></td><td>손, 일하다</td></tr>
<tr><td>ה</td><td>H</td><td>헤</td><td></td><td>보라, 나타내다</td><td>ש</td><td>SH</td><td>쉰</td><td></td><td>이빨, 삼키다, 소멸하다</td></tr>
<tr><td>ו</td><td>V/W</td><td>바브/ 와우</td><td></td><td>못, 갈고리</td><td>ו</td><td>V/W</td><td>바브/ 와우</td><td></td><td>못, 갈고리</td></tr>
<tr><td rowspan="2">ה</td><td rowspan="2">H</td><td rowspan="2">헤</td><td rowspan="2"></td><td rowspan="2">보라, 나타내다</td><td>ע</td><td>O</td><td>아인</td><td></td><td>눈, 보다, 알다</td></tr>
<tr><td>ה</td><td>H</td><td>헤</td><td></td><td>보라, 나타내다</td></tr>
</table>

36) 히브리어사전 스트롱코드, 개역개정4판, 2010년 2월10일
37) 주 = LORD를 대문자로 쓸때는 여호와 하나님을 뜻하고, 주 = Lord 로 쓸때는 예수 그리스도를 뜻한다.
38) El Shaddai Ministries, Hebrew Aleph Bet, https://www.esm.us/resources/handouts/

그럼 예수의 이름은 히브리어로 예슈아(ישוע, YeSHuWa)입니다. 즉 "Y(י:요드)" "SH(ש:쉰)" "W(ו:와우)" "A(ע:아인)"위 자음 사이에 모음을 넣어 발음하면 예슈아(YeSHuWa)가 되고 뜻은 "구원"이란 뜻입니다. 구약성경에 나오는 인물 중 모세의 후계자로 요단강을 건너 가나안에 들어간 여호수아가 있고, 음란한 여인을 아내로 얻은 선지자 호세아가 있습니다. 위 두 사람의 이름을 히브리어의 문자로 살펴보겠습니다.

여호수아(יהושע, YeHoSHua, 예호슈아) "주님(여호와)은 구원이시다"는 뜻이고 호세아(הושֵׁע, HoWSHea, 호셰아)도 역시 "구원"이란 뜻이며, 여호수아의 본 이름이기도 합니다[39]. 정리해 보겠습니다. 야훼(יהוה, YaHWeH)=예슈아(ישוע, YeSHua)= 여호수아(יהושע, YeHoSHua)=호세아(הושֵׁע, HoWSHea) 모두 같은 뜻인 "구원"이라는 뜻입니다. 그래서 메시아의 이름이 예수가 되어야 구약의 예언의 말씀이 신약에서 완성되는 것입니다.

요한복음 20절 27~28절에 예수님이 도마에게 "*네 손가락을 이리 내밀어 내손의 못 자국을 보고 네 손을 내밀어 내 옆구리에 넣어보라 그리하여 믿음 없는 자가 되지 말고 믿는 자가 되라.*" 말씀하시자, 의심 많은 도마도 예수님의 손에 못 자국을 보는 순간 "야훼(יהוה=손을 보라 못을 보라)"하나님이 예수님이셨다는 사실을 알게 됩니다. 그 결과 "예수님은 나의 주님이시오 나의 하나님입니다"라는 고백을 하게 된 것입니다.

---

39) 히브리어사전 스트롱코드 -개역개정4판 -

그래서 마태복음에 한 아기가 태어나니 그 이름을 "예수"라 하라는 신비가 풀리게 됩니다. 이 분이 우리를 죄에서 구원하실 분입니다.

"아들을 낳으리니 이름을 예수라 하라 이는 그가 자기 백성을 저희 죄에서 구원할 자이심이라 하니라."(마 1:21)

사랑의 하나님이며 공의의 하나님은 질서의 하나님이 되셔서 직접 여자의 몸에서 성령으로 잉태하시고, 뱃속에서 열 달을 채우고 평범한 사람의 모습으로 이 땅에 아기 예수님으로 오셨기에 하나님의 독생자 아들 예수님이라 부르게 된 것입니다. 이 부분에서 교회를 다니는 분들 중에 적지 않은 분들이 하나님이 예수님보다 더 크고 높으신 분이란 생각을 하는 듯합니다. 왜곡된 해석입니다. 하나님은 창조 질서를 거슬리지 않고 반드시 사람의 모습으로 오셔야하고 죄는 없으셔야 합니다. 그래서 모든 사람들의 죄를 감당하기 위해 하나님께서 친히 성령으로 마리아의 몸에서 잉태하여 10개월 동안 태중에 계셨고, 결국 여자의 후손이라는 구약의 말씀을 성취하는 것입니다.

구원에 대한 신비를 모세를 통하여 한 가지 더 발견할 수 있습니다. 가나안은 누가 들어가나요? 모세가 아닌 여호수아가 들어갑니다. 여기에도 구원의 비밀(Mystery)이 있습니다. 율법을 대표하는 사람이 누구입니까? 모세입니다. 모세를 통하여 시내 산에서 십계명을 받고 율법이 세워집니다. 출애굽시대에 이스라엘 백성은 모세의 인도함으로 가나안에 들어가는 것이 인간적으로 더 안심되고 의지되었을 텐데 모세는 가나안 땅에 들어가지 못합니다. 모세가 가나안땅을 들어가기 싫어서가 아닙니다. 성경에 기록되기를 모세는 기력이 쇠하지도 않았고 가나안에 들어가고 싶은 절심함이 있다고 밀하고 있습니다.

> "모세의 죽을 때 나이 일백 이십세나 그 눈이 흐리지 아니하였고 기력이 쇠하지 아니하였더라."(신 34:7)

> "구하옵나니 나로 건너가게 하사 요단 저편에 있는 아름다운 땅, 아름다운 산과 레바논을 보게 하옵소서." (신3:25)

그런데 하나님은 모세에게 다시는 가나안에 들어가겠다는 말을 더 이상 하지 말라고 단호하게 말씀하십니다.

> "여호와께서 너희 때문에 내게 진노하사 내 말을 듣지 아니하시고 내게 이르시기를 그만해도 족(충분)하니 이 일로 다시 내게 말하지 말라."(신 3:26)

모세가 가나안에 들어가지 못하는 직접적인 이유가 성경에 기록되어 있긴 합니다. 이스라엘 백성은 진 광야(Desert of Zin)에 이르러 가데스라는 곳에 정착합니다. 그런데 물이 없어 이스라엘 백성이 모세와 아론을 대적하는 사건이 발생하자 하나님이 모세에게 반석에게 말하면 물이 나올 거라 말해줍니다. 그런데 모세는 백성들의 행동을 보며 *"이 패역한 자들아"*고 소리치면서 반석을 지팡이로 두 번 내려치니 물이 솟아나오게 됩니다. 이일로 인해 모세와 아론은 하나님의 책망을 받고 가나안땅에 들어갈 수 없게 됩니다.

성경에는 기록되어 있지 않지만 한 가지 이유가 더 있습니다. 그것은 바로 구원의 비밀이 예수님께 있다는 것을 증명하기 위해서입니다. 가나안은 하나님의 나라, 즉 천국을 예표 합니다. 하나님의 나라에 들어가는 길은 무엇입니까? 착하게 바르고 하나님의 율법을 지킴으로서 들어가는 것이 아닙니다. 예수님이 십자가에 못 박혀 죽음과 부활하심을 믿음으로 천국, 즉 가나안에 들어가는 것입니다. 모세는 율법을 대표하는 사람입니다. 여호수아 이름의 뜻이 "여호와는 구원이시라"입니다. 예슈아 라는 이름의 뜻도 "구원"이라 하였습니다. 다시 말해서 율법의 행위로는 천국에 들어가지 못하고 오직 예수그리스도를 통하여 천국에 들어간다는 사실을 구원의 신비로 감추어 놓으셨습니다. 그래서 여호수아가 이스라엘 백성을 가나안으로 이끌고 들어간 것입니다. 이러한 신비를 발견할 때 하나님의 말씀이 얼마나 달고 오묘한지 또한 하나님과 예수님의 이름에 숨겨진 비밀을 정확히 왜 이해해야 하는지에 대한 신비가 풀려집니다.

공의의 하나님이 사랑의 하나님으로 이 땅에 사람의 모습으로 오셨습니다. 우리를 구원하기 위해 대신 피 흘리시고 죽으러 오신 것입니다. 왜냐하면 죄의 종이었던 우리를 대신하여 십자가의 저주 아래 죽으심으로 죄의 값을 대속해 줌으로서 더 이상 죄의 노예의 신분으로 살지 않도록 우리를 자유케하여 하나님의 자녀삼아 주기 위해서입니다. 이 분이 우리가 인격적으로 만나고 우리의 모든 삶을 통하여 붙들어야 하는 예수님이십니다.

2-2 그리스도

요한복음 4장에 수가라는 동네에 이르러 피곤하여 우물곁에 앉아서 쉬고 계실 때 뜨거운 대낮에 물 길러온 사마리아여인과 예수님이 대화를 나눕니다. 사마리아 여인에게 남편이 다섯이나 있다는 것을 이미 아신 예수님의 말씀을 듣고 여인은 예수님을 선지자라고 말합니다.

> "네가 남편 다섯이 있었으나 지금 있는 자는 네 남편이 아니니 네 말이 참되도다. 여자가 가로되 주여 내가 보니 선지자로소이다."(요 4:18-19)

> "여자가 가로되 메시아 곧 그리스도라 하는 이가 오실 줄을 내가 아노니 그가 오시면 모든 것을 우리에게 고하시리이다. 예수께서 이르시되 네게 말하는 내가 그로라 하시니라."(요 4:25-26)

"나의 행한 모든 일을 내게 말한 사람을 와 보라 이는 그리스도가 아니냐 하니 저희가 동네에서 나와 예수께로 오더라."(요 29-30)

메시아가 오기를 기다리는 여인에게 예수님은 자신이 메시아, 즉 그리스도라고 말합니다. 또한 마태복음 16장 베드로의 고백을 듣고 예수님이 깜짝 놀라며 베드로에게 이렇게 말씀하셨을 것 같습니다. "베드로야 어떻게 네가 내가 누구인지 정확하게 알 수 있느냐, 사람의 지식으로는 도저히 고백할 수 없는 고백을 네가 하고 있구나" 라고 말하며 베드로를 축복합니다.

"시몬 베드로가 대답하여 가로되 주는 그리스도시요 살아계신 하나님의 아들이시니이다. 예수께서 대답하여 가라사대 바요나 시몬아 네가 복이 있도다 이를 네게 알게 한 이는 혈육이 아니요 하늘에 계신 내 아버지시니라."(마 16:16-17)

그럼 그리스도란 무슨 뜻인지요? 표 3-4에 그리스도의 의미를 설명해 놓았습니다.

그리스도는 이름이 아니라 직분으로서 히브리어로 "마쉬아흐(Maw-Shee-Ach), 즉 메시아(Messiah) "기름 부음을 받은자"라는 뜻입니다. 영어로는 "Anointed one"입니다. 원형 동사는 Anoint, 즉 "기름을 붓다"라는 타동사입니다. Anointed 하면

표 3-4 그리스도의 문자적 의미

언어	그리스도의 의미
히브리어	מָשִׁיחַ (마쉬아흐, Maw-Shee-Ach)
헬라어(그리스어)	Χριστός 크리스토스
영어	Anointed one
한국어	기름부음을 받은 자

수동태로서 "기름부음을 받은"이란 뜻이 됩니다. 정리하면, 기름부음을 받은 자가 구원자로서 이 세상에 오셔서 죄와 사망으로부터 구원하신다는 뜻입니다.

즉, 기름부음을 받은 분이 메시아인 그리스도가 되는 것입니다. 반드시 사람의 모습으로 이 땅에 오셔야 하며 죄는 없어야 하는 분입니다. 남자의 씨로 태어나 죄 없는 사람은 단 한사람도 없다고 성경은 기록하고 있습니다. 왜냐하면 아담의 원죄로 인한 죄가 모든 사람에게 이르렀기 때문입니다.

구약성경을 살펴보면 누구에게 기름(올리브유)을 붓습니까? 오직 세 가지 직분을 받은 자에게만 머리에 기름을 붓습니다. 왕, 신지자 그리고 제사장입니다. 죄 있는 사람의 모습으로 기름부음을 받은 직분 중 한 가지 혹은 두 가지 직분을 가진 믿음의 조상들을 구약성경에서 찾아볼 수 있습니다. 표 3-5 을 보면 우리가 잘 알고 있는 믿음의 조상들의 이름과 기름부음 받은 직분을 비교해 보았습니다.

표 3-5 믿음의 조상들이 기름부음 받은 직분

이름	왕	선지자/예언자	제사장	성경구절
아브라함		√		"그 사람(아브라함)의 아내를 돌려보내라 그는(아브라함) 선지자라 그가 너를 위하여 기도하리니."(창 20:7)
모세		√		"그 후에는 이스라엘에 모세와 같은 선지자가 일어나지 못하였나니 모세는 여호와께서 대면하여 아시던 자요."(신 34:10)
아론			√	"너는 이스라엘 자손 중 네 형 아론과 그의 아들들 곧 아론과 아론의 아들들 나답과 아비후와 엘르아살과 이다말을 그와 함께 네게로 나아오게 하여 나를 섬기는 제사장 직분을 행하게 하되."(출 28:1)
사무엘		√	√	"단에서부터 브엘세바까지의 온 이스라엘이 사무엘은 여호와의 선지자로 세우심을 입은 줄을 알았더라."(삼상3:20) "사무엘이 젖 먹는 어린 양을 취하여 온전한 번제를 여호와께 드리고 이스라엘을 위하여 여호와께 부르짖으매 여호와께서 응답하셨더라."(삼상 7:9)
사울	√	√		"너(사무엘)는 그(사울)에게 기름을 부어 내 백성 이스라엘의 지도자(왕)로 삼으라."(삼상 9:16) "그들이 산에 이를 때에 선지자의 무리가 그를 영접하고 하나님의 영이 사울에게 크게 임하므로 그가 그들 중에서 예언을 하니."(삼상 10:10)
다윗	√	√		"사무엘이 기름 뿔병을 가져다가 그의 형제 중에서 그(다윗)에게 부었더니."(삼상16:13) "그(다윗)는 선지자라."(사행 2:30)
예수님	√	√	√	"빌라도가 이르되 그러면 네가 왕이 아니냐 예수께서 대답하시되 네 말과 같이 내가 왕이니라 내가 이를 위하여 태어났으며 이를 위하여 세상에 왔나니."(요 18:37) "그 사람들이 예수께서 행하신 이 표적을 보고 말하되 이는 참으로 세상에 오실 그 선지자라 하더라."(요 6:14) "그러므로 우리에게 큰 대제사장이 계시니 승천하신 이 곧 하나님의 아들 예수시라 우리가 믿는 도리를 굳게 잡을지어다."(히 4:14)

⇨ 선지자 아브라함

위 표에서 보듯이 아브라함은 선지자로 하란에서 하나님의 부르심을 받고 가족과 친척을 떠나 약속의 땅 가나안 땅으로 이주한 믿음의 조상이었습니다.

⇨ 선지자 모세

모세도 이스라엘 백성을 노예 된 애굽에서 인도하는 선지자로 하나님께 쓰임 받았습니다.

⇨ 대제사장 아론

아론은 모세의 형으로 레위지파 중 고핫자손이며 이스라엘 백성의 최초의 대제사장으로 기름부음 받은 사람이었습니다.

⇨ 왕・선지자 사울

사울은 사무엘로부터 왕으로 기름부음을 받습니다. 또한 하나님의 영이 사울에게 임했을 때 선지자의 무리 중에 한사람으로서 예언을 하였다고 증언하고 있습니다. 그런데 사울이 블레셋과의 전쟁 중에 사무엘이 오기로 한 약속한 날짜에 오지 않자 전쟁의 두려움에 사울 왕이 직접 제사장 직분으로 제사를 드립니다. 그 결과 하나님이 사울을 버리십니다. 만약 사무엘이 사울 왕이 제사 드림을 책망하지 않았더라면 사울이 스스로 그리스도가 되는 것입니다. 죄 있는 사람이 선지자, 왕, 제사장 3중직의 기름부음 받은 자로서 그리스도가 되는 것입니다. 이 일은 공의의 하나님의 말씀을 지키지 않는 불순종의 죄를 범하는 것입니다.

"사울은 사무엘이 정한 기한대로 이레 동안을 기다렸으나 사무엘이 길갈로 오지 아니하매 백성이 사울에게서 흩어지는지라 사울이 이르되 번제와 화목제물을 이리로 가져오라 하여 번제를 드렸더니(삼상 13:8-9)

"사무엘이 사울에게 이르되 왕이 망령되이 행하였도다. 왕이 왕의 하나님 여호와께서 왕에게 내리신 명령을 지키지 아니하였도다. 그리하였더라면 여호와께서 이스라엘 위에 왕의 나라를 영원히 세우셨을 것이거늘, 지금은 왕의 나라가 길지 못할 것이라 여호와께서 왕에게 명령하신 바를 왕이 지키지 아니하였으므로 여호와께서 그의 마음에 맞는 사람을 구하여 여호와께서 그를 그의 백성의 지도자로 삼으셨느니라(삼상 13:13-14)

⇒ 선지자 • 제사장이신 사무엘

사무엘은 선지자이자 제사장으로서 기름부음을 받았으며 이스라엘 백성을 지도하는 사사(재판관)의 역할까지 담당하였습니다. 사사(재판관)시대에서 왕정시대로 옮겨지는 과도기에 있던 이스라엘 백성의 영적 지도자였습니다. 사무엘상 7장까지 읽어보면 사무엘이 태어나고 젖 떼자마자 하나님의 임재가 거하시는 성전에 영영히 드려졌고, 어렸을 때부터 제사장만 입는 에봇을 입고 여호와 앞에 섬겼다고 기록되어 있습니다. 그리고 7장 사무엘이 사는 날 동안 이스라엘 백성을 다스렸다는 이야기로 사무엘상 7장이 끝을 맺습니다.

"사무엘이 사는 날 동안에 이스라엘을 다스렸으되, 해마다 벧엘과 길갈과 미스바로 순회하여 그 모든 곳에서 이스라엘을 다스렸고 라마로 돌아왔으니 이는 거기 자기 집이 있음이라 거기서도 이스라엘을 다스렸으며."(삼상 7:15-17)

8장 1절의 시작은 이렇습니다. "*사무엘이 늙으매 그 아들들로 이스라엘 사사를 삼으니*"라고 시작합니다. 때를 같이하여 이스라엘 백성들은 다른 나라들처럼 왕을 세워 달라고 사무엘에게 간청하고 있습니다. 백성들이 사무엘에게 불만 섞인 말로 요구합니다.

"그에게 이르되 보소서 당신은 늙고 당신의 아들들은 당신의 행위를 따르지 아니하니 열방과 같이 우리에게 왕을 세워 우리를 다스리게 하소서 한지라, 우리에게 왕을 주어 우리를 다스리게 하라 한 그것을 사무엘이 기뻐하지 아니하여 여호와께 기도하매 여호와께서 사무엘에게 이르시되 백성이 네게 한 말을 다 들으라."(삼상 8:5-7)

사무엘이 힘 있고 백성들에게 온전한 신뢰를 받고 있는 동안 백성들은 왕을 요구하지 않았으나 사무엘이 늙고 그의 자식들의 행실이 불량해 지자 백성들은 사무엘에게 서서히 불만이 쌓여가면서 사무엘도 그의 아들도 아닌 다른 사람을 왕으로 세워 달라고 백성의 대표들이 사무엘에게 요구하고 있습니다. 사무엘이 왕으로 기름부음 받을 만한 충분한 역량이 있음에도 하나님은 허락지 않으셨습니다. 만약 백성들이 사무엘을 왕으로 이스라엘을 다스려 달라고 간청했다면 사무엘이 왕이 될 수 있었을 것입니다. 그러나 사무엘이 늙고 그의 자식들 행실이 바르지 않자 백성들이 사무엘도 그의 자식들도 아닌 다른 사람을 왕으로 세워달라고 요구합니다. 아마 사무엘은 잠시 동안일지라도 인간적으로 이스라엘 백성에게 배신감을 느꼈겠지만 하나님께 순종합니다. 그렇지 않았다면 사무엘이 3중직을 다 가진 기름부음을 받은 자로 그리스도의 직분을 갖게 되었을 것입니다. 아무리 하나님께 서원하여 드려진 사무엘이라 할지라도 그리스도의 직분을 감당할 수 없습니다. 바로 죄 때문입니다. 그리스도는 반드시 약속의 씨를 통하여 육신으로는 다윗의 자손으로 오셔야 하지만 죄는 없어야 하기 때문입니다. 하나님께 순종한 사무엘은 결국 다윗 왕에게 기름을 부어 왕으로 세우고 불순종한 사울 왕으로부터 다윗을 보호하고 그의 생애를 마칩니다.

"이새의 줄기에서 한 싹이 나며 그 뿌리에서 한 가지 가 나서 결실할 것이요 여호와의 신 곧 지혜와 총명

의 신이요 모략과 재능의 신이요 지식과 여호와를 경
외하는 신이 그 위에 강림하시리니."(사11:1-2)

⇒ 왕 · 선지자이신 다윗

이스라엘 국기에 별이 그려져 있습니다. 그 별을 "다윗의 별"이라 부를 정도로 다윗 왕은 이스라엘 역사에서 가장 위대한 왕이었습니다. 하나님이 사울의 불순종을 보시고 사울을 왕의 자리에서 폐하기로 작정하고 사무엘을 통하여 다윗이 왕으로 기름부음을 받습니다.

"너는 뿔에 기름을 채워 가지고 가라 내가 너를 베들레헴 사람 이새에게로 보내리니 이는 내가 그의 아들 중에서 한 왕을 보았느니라."(삼상16:1)

"여호와께서 이르시되 이가 그니 일어나 기름을 부으라 하시는지라 사무엘이 기름 뿔병을 가져다가 그의 형제 중에서 그에게 부었더니."(삼상12-13)

또한 150편의 시편 중 절반 정도를 다윗이 지은 시입니다. 다윗은 선지자로서 하나님의 말씀을 담대히 선포하며 찬양시를 썼습니다. 사도행전 2장 29~30절에 다윗이 선지자였음을 기록하고 있습니다.

"형제들아 내가 조상 다윗에 대하여 담대히 말할 수 있노니 다윗이 죽어 장사되어 그 묘가 오늘까지 우리 중에 있도다. 그는 선지자라 하나님이 이미 맹세하사 그 자손 중에서 한 사람을 그 위에 앉게 하리라 하심을 알고."(행2:29-30)

⇒ 왕 · 대제사장 · 선지자이신 예수님

그럼 사람이신 예수님은 어떤 직분을 담당하였는지 살펴보겠습니다. 오직 예수님이름 앞에 붙는 세 가지의 칭호가 있습니다. 하나님 말씀을 대언하는 선지자이신 예수님, 다스리고 통치하시는 만왕의 왕이신 예수님, 사람들의 죄를 짐승의 피로 정결케 하며 이스라엘 백성을 대표하여 하나님께 나가는 길을 여는 중재자 역할을 담당하였던 대제사장이신 예수님이란 세 가지 호칭이 붙습니다.

"빌라도가 이르되 그러면 네가 왕이 아니냐 예수께서 대답하시되 네 말과 같이 내가 왕이니라 내가 이를 위하여 태어났으며 이를 위하여 세상에 왔나니."(요 18:37)

"그 사람들이 예수께서 행하신 이 표적을 보고 말하되 이는 참으로 세상에 오실 그 선지자라 하더라."(요 6:14)

"그러므로 우리에게 큰 대제사장이 계시니 승천하신 이 곧 하나님의 아들 예수시라 우리가 믿는 도리를 굳게 잡을지어다."(히 4:14)

이처럼 그리스도는 오직 하나님의 약속의 말씀으로 사람의 모습으로 오셔야 하고 죄는 없어야 하며 왕으로서, 제사장으로서, 선지자로서의 직분을 한 사람이 감당해야 합니다. 남자의 후손으로 태어난 사람들은 모두가 죄인이기 때문에 절대 그리스도가 될 수 없지만, 성령으로 잉태하여 여자의 후손으로 오신 하나님의 아들이 이 땅에 오실 때 그리스도의 직분을 감당할 수 있습니다. 왜냐하면 사람의 모습이지만 죄가 없기 때문에 하나님의 아들이 그리스도로 오셔서 마귀를 대적하고 마귀의 일을 멸할 수 있습니다.

"죄를 짓는 자는 마귀에게 속하나니 마귀는 처음부터 범죄함이니라 하나님의 아들이 나타나신 것은 마귀의 일을 멸하려 하심이니라."(요일 3:8)

마귀의 일이 무엇입니까? 아담이 불순종한 범죄로 인해 하나님이 사람에게 불어 넣어 주신 생명의 호흡을 마귀가 다스리고 왕 노릇하여 하나님이 주신 호흡을 죽음의 권세 아래 결박하는 것이 마귀의 일입니다. 하나님의 아들인 예수님이 이 땅에 오신 이유가 마귀가 다스리는 우리들의 생명의 호흡을 되찾기 위해서입니다. 즉, 사람의 죄를 위해 죽으러 온 것입니다. 사람이 호흡하는 동안 죄와 하나 되어 살아가는 우리를 대신하여 죽어야 우리 안에 있는 죄의 권세의 결박이 풀어집니다. 즉, 그리스도와 함께 내가 죽는 것이 죄가 죽는 일입니다.

만약, 죽는 것으로 끝이라면 사람은 죄의 삯을 지불함으로 죽게 되는 것입니다. 그런데 하나님의 속성이 무엇이라 했죠? 공의의 하나님입니다. 죄 없는 예수님이 우리 죄를 짊어지고 죽음으로 죄의 삯을 단번에 지불하였지만, 죄가 없는 분이 죽었기 때문에 공의의 하나님이 예수님을 죽음에서 살림으로 사망 권세를 이긴 것입니다.

나는 죽고 그리스도께서 내 안에 생명의 호흡이신, 루와흐(רוח, 성령) 즉 그리스도의 영(spirit of rhe Christ)으로 들어와 나와 함께 다시 산 것입니다. 바로 그리스도께서 내 안에 살아계시는 것입니다. 그래야 우리는 더 이상 마귀에게 속하지 않고 내 안에 그리스도께서 호흡하기에 내가 살아가는 것이고, 예수 그리스도로 말미암아 담대히 마귀를 대적할 수 있는 그리스도의 권세를 부여받은 것입니다. 나의 능력도 나의 지혜도 나의 노력도 아닌 하나님이 우리를 향하여 베풀어준 선물이며 은혜입니다.

"내가 그리스도와 함께 십자가에 못 박혔나니 그런즉 이제는 내가 산 것이 아니요 오직 내 안에 그리스도께서 사신 것이라 이제 내가 육체 가운데 사는 것은

나를 사랑하사 나를 위하여 자기 몸을 버리신 하나님의 아들을 믿는 믿음 안에서 사는 것이라."(갈2:20)

그래서 구약성경 전체가 기름부음 받은 자들의 삶과 직분에 대해 자세히 기록되어 있습니다. 모세 오경을 통하여 하나님께 나아갈 때 중재자로서 제사장의 역할을 자세히 기록하였고, 예언서(선지서)를 통하여 하나님의 말씀이 죽음 앞에서도 담대히 선포 했던 선지자들의 삶을 기록하였으며, 그리고 역사서를 통하여 이스라엘 열왕(많은 왕)과 이방인의 왕들이 개개의 나라와 민족을 다스리며 마치 역사가 승리자의 관점에서 기록되어 있는 것처럼 보이지만, 모든 역사를 주관하고 다스리는 분이 하나님이라는 사실을 율법서, 선지서, 역사서를 통하여 잘 알 수 있습니다.

3장 그리스도의 복음을 품은 사람들의 삶

·
·
·

위에서 살펴본 것처럼 그리스도, 즉 기름부음을 받는 직분은 세 가지가 있다고 언급했습니다. 왕, 제사장 그리고 선지자입니다. 또한 예수님은 말씀대로 이 땅에 오셨고, 말씀대로 십자가에 못 박혀 죽으셨고, 말씀대로 삼일 만에 부활하여 구원의 완성을 이루셨습니다. 예수님은 야훼(יהוה, YaHWeH)여호와 하나님임에도 불구하고 육신의 몸으로 이 땅에 오셔서 하나님이 맡긴 인류구원의 사명을 순종함으로 감당하셨습니다.

많은 크리스천들이 이 세상에서 살면서 "예수님 이라면 어떻게 하셨을까?"라는 예수님 닮고자 노력하는 모습을 자주 접할 때가 있습니다. 반면에 많은 크리스천들이 신앙생활하면서 하나님의 일과 세상의 일을 구분 지어 생각하는 분들도 많다는 사실을 접할 때 왜곡된 신앙생활로 인해 신앙성숙의 걸림돌이 될 수도 있다는 염려를 하게 될 때가 있습니다.

3-1 하나님의 일과 세상의 일

첫째, 교회에서 행하는 일들을 거룩하고 영적인 "하나님의 일(사명)"이라 생각하고, 돈 버는 일, 가정을 위한 일, 교회 밖에서 하는 사회생활 등을 육적이며 세속적인 "세상의 일"로 구분하는 경향이 있습니다. 그래서인지 교회에서의 모습과 가정과 직장에서 생활하는 모습이 사뭇 다른 크리스천들이 많은데, 그 중에는 교회의 직분자로 세움 받은 장로님, 권사님, 집사님 그리고 목회자들도 포함하고 있다는 현실입니다. 교회생활하면서 자주 듣는 말이 있습니다. "아무개 집사는 열심히 교회봉사하고 교회를 섬기니까 사업이 성공하지"라고 말하는 사람들을 종종 만날 수 있습니다. 그럼 반대로 사업에 실패하고 승진에 낙오된 집사님 혹은 장로님들은 교회 일을 열심히 안한 결과인지요? 결코 그렇지 않습니다. "하나님의 일"과 "세상의 일"을 영적 혹은 육적인 일로 구분하는 사고방식은 교회일은 거룩한 일이고 가정과 학교와 직장생활은 세속적인 일로 구분지어 생각하는 위험한 이원론적인 사고방식입니다. 또한 복을 바라는 목적이 우선된 신앙행태인 기복신앙(祈福信仰)의 비정상적인 신앙의 뿌리는 우리나라 교회 곳곳에서 쉽게 찾아볼 수 있는 신앙생활의 모습임을 공감하실 것입니다. 옛날 할머니들이 마당 뒤뜰에 있는 장독대 위에 물 한 그릇 올려놓거나, 나무 혹은 바위아래 물 종기를 올려놓고 일월성신(日月星辰)혹은 천지신명(天地神明)께 가족의 건강과 부와 출세를 빌던 유래에서 시작됐는지, 혹은 일월성신과 천지신명이 뭔지 잘 모르면서 온

정성을 다하여 빌면 신(神)이 감동하여 소원을 들어줄 거라는 옛 할머니들의 관습의 뿌리인지는 몰라도, 새벽기도 십일조 교회를 위해 봉사하는 정성과 양적인 행위가 많이 쌓일수록 많은 축복을 받는다는 오늘날 기독교의 왜곡된 신앙관을 다시 조명할 필요가 있습니다.

그럼 하나님의 일은 무엇입니까? 요한복음에 "*예수께서 대답하여 이르시되 하나님께서 보내신 이를 믿는 것이 하나님의 일이니라*"(요6:29). 즉 예수 그리스도를 내 삶의 주인으로 믿는 것이 하나님의 일이며, 그것은 삶의 모든 영역에서 예수 그리스도와 함께 동행 하며 살아가는 것을 말합니다. 더 정확히 말하면 죄의 종노릇한 내 안의 생명의 호흡(네샤마 하임)이 그리스도이신 예수님과 함께 십자가에 못 박혀 죽고 부활하신 예수 그리스도와 함께 새 생명을 얻었으니 내안에 예수 그리스도가 생명의 호흡되어 주인 된 삶을 사는 것을 믿는 것이 하나님의 일이라고, 사도요한은 말하고 있습니다. 죽음에서 다시 살아난 우리들의 생명의 호흡이 그리스도의 영이신 성령(루하흐)님의 다스림을 받는 것입니다. 그 결과 더 이상 세상풍속을 쫓는 육체의 정욕을 쫓는 것이 아니고, 그리스도 영이 내 삶의 인도자가 되어 살아가게 됩니다.

> "만일 너희 속에 하나님의 영이 거하시면 너희가 육신에 있지 아니하고 영에 있나니 누구든지 그리스도의 영이 없으면 그리스도의 사람이 아니라" (롬 8:9)

그리스도인의 삶의 가장 중요한 가치 중 하나가 "변화된 삶" 입니다. 그리스도의 영이 내안에 생명의 호흡의 주인 됨을 믿고 살아갈 때, 나 자신의 생각과 가치의 우선순위가 변하는 것입니다. 예수 그리스도를 닮아가는 변화된 삶의 모습으로 물들어 갈 때 동네와 사회와 국가가 악(惡)보다는 선(善)한 것이 많아지고 어둠 면보다 밝은 면이 많아지는 환경으로 바뀌어 갈 것입니다.

그런데 현실은 어떻습니까? 크고 작은 교회들이 동네마다 세워져있고 일요일 수요일 혹은 금요찬양예배로 찬송가가 울려 퍼지고 많은 크리스천들이 사회 곳곳에서 여러 모양으로 일하고 있음에도 불구하고 사회가 거짓과 부정, 탐심과 부패, 욕심과 이기심이 사회곳곳에 만연되어 있다면 그리스도의 사람과 그리스도를 모르는 사람과 뭐가 다르겠습니까?

그리스도인의 삶은 세상으로부터 벗어나거나 도피된 삶이 아니고 세상 속에서 그리스도의 빛과 소금의 역할로 부름 받은 삶을 살아가는 것입니다. 교회뿐만 아니라 각자의 가정과 학교 그리고 직장과 사업체에서 자신의 말과 행동을 통하여 크리스천들은 세상의 풍속만을 쫓는 사람들과는 구별된 삶을 살아가는 것입니다.

결국 그리스도의 영으로 거듭난 사람들이 삶의 모든 영역에 퍼져있을 때 반드시 변화된 모습이 열매로 나타나게 되어 있습니다. 그 열매란 공의와 정의가 지켜지고, 욕심과 이기심이 부끄러워지며, 거짓과 속이는 말과 행위가 잘못되었음을 담대히 말할 수 있는 정직하고 약자와 가난한자가 보호받는 사회와 국가로 변화된 모습이 크리스천들이 있는 곳에서 발견되어야 합니다.

열왕기하 5장에 보면 문둥병 걸린 아람왕의 군대장관의 이야기가 나옵니다. 나아만이 요단강에서 일곱 번 몸을 담그니 문둥병이 사라지고 어린아이의 살 같이 깨끗케 되었다란 이야기입니다. 나아만 장군이 문둥병을 낫기까지는 아람사람으로부터 포로로 잡혀온 이스라엘 여자아이가 있었기 때문입니다. 이 여자 아이는 나아만 장군 아내의 여종으로 일하고 있던 자였습니다. 그 여종이 주인에게 이렇게 말합니다.

"우리 주인이 사마리아에 계신 선지자 앞에 계셨으면 좋겠나이다. 저가 그 문둥병을 고치리 이다."(열하5:3)

이 말을 믿고 따른 나아만 장군은 엘리사 선지자를 찾아가 문둥병을 고침으로 하나님의 살아계심과 전능하심의 기적을 경험하고 아람 땅으로 돌아온다는 이야기입니다. 하나님을 믿는 어린 여자아이가 비록 적국의 종으로 살아갈 지라도 여종이 보여준 평소 삶의 행실과 말 한마디가 하나님을 모르는 한 나라의 최고의 장군을 하나님 앞에 무릎 꿇게 만드는 이야기입니다. 이처럼 참된 그리스도의 사람이 속해 있는 곳에는 하나님의 기적과 표적이 나타남을 보여주는 이야기입니다.

3-2 그리스도를 따르는 삶

이제 예수 그리스도를 내안의 생명의 호흡인 지혜와 정신의 주인으로 믿고 따르는 삶은 과연 어떤 모습이어야 하는지 생각해보고자 합니다.

실제 있었던 일화를 소개하겠습니다. 어느 장로님이 목욕탕에서 목욕을 마치고 커피를 주문했습니다. 그런데 주문한 커피가 미지근 하자 그 장로님은 목욕탕 매점에서 일하는 분에게 큰 소리로 "이것 미지근해서 어디 먹겠어, 어이! 이걸 마시라고 준거야, 다시 타와"하며 화를 내는 모습을 옆에서 지켜보게 되었습니다. 그런데 갑자기 그 장로님의 전화벨이 울리고 있었습니다. 장로님의 전화대화 내용은 이렇습니다. "아 예 목사님! 저 방금 기도원에서 금식기도 마치고 내려와서 목욕하러 왔습니다. 많은 은혜 받고 내려왔습니다..... 주일날 뵙겠습니다, 목사님!"

이 일화가 크리스천들에게 말해주는 의미는 매우 클 것입니다. 일화 속 사건은 어느 장로님의 모습으로만 국한되는 것은 아닐 것입니다. 삶의 진정한 주인이 바뀌지 않았다는 모습을 말과 행동을 통해 짐작할 수 있습니다. 과연 기도원에 금식 기도하는 구별되고 거룩해 보이는 모습이 누구를 위한 모습일까요? 진정한 변화의 통로가 예수 그리스도임을 알지만 일화 속 장로님처럼 자신이 인정받고 높임 받고 존경받는 모습으로 포장하며 살아가는 이 세상의 풍속에 익숙해 있는 모습이 우리들의 진짜 모습일 것입니다.

최근 우리나라 교인수가 지속적으로 감소되어 가는 경향에 대해 젊은이들이 생각하는 교회에 대한 부정적인 의견을 기사화한 내용을 읽을 기회가 있었습니다. 가장 많이 상처받는 곳이 교회이고 서로 비교하고 판단 받는 곳도 교회라고 대답하는 20~30대의 젊은 층이 의외로 많은 것으로 조사된 기사를 보았습니다[40]. 그 이유에서인지 한국교회의 기독교인 수는 급격히 감소하고 있으며, 중소도시 및 군 단위에 소재한 교회를 방문해보면 교인의 약 70%가 대부분 70대 이상의 노년층으로 구성되어 있고 청년층은 10%도 훨씬 못 미치는 교회가 많다는 사실은 어제 오늘일이 아닙니다.

21세기에 살면서 문화적 사회적 가치관의 변화와 환경적 변화로 인해 거듭난 크리스천으로 살아가는데 어려움이 있음을 간과 할 수는 없을 것입니다. 현대를 살아가는 대부분의 사람들이 "종교" 혹은 "신앙"을 생각할 때 가장먼저 떠오르는 단어가 있다면 "축복", "소원성취" "도움 받기"등과 같은 내가 받는 것에 초점이 맞춰지는 동기에 의해 종교생활 혹은 신앙생활을 하는 경우가 많음을 동감하실 것입니다. 개인적인 차이가 있겠지만 내가 원하는 "기대"와 "소원"이 이루어지기 위해 크

40) 기독교연합신문, www.igoodnews.net, 2021.06.15

리스천이라면 누구나 한번쯤은 간절한 마음으로 기도하고 금식하며 십자가 앞에 나가본 경험을 해봤을 것입니다. 만약 바라던 소원이 이루어졌다면 “하나님이 허락해 주셨다”라고 하나님께 영광과 감사를 돌리는 간증을 듣는 것은 어렵지 않을 것입니다. 그러나 바라던 소원이 이루어지지 않을 때 좌절감과 실패감은 경험하지 않은 사람은 쉽게 이해하지 못할 것입니다. 이러한 실패와 좌절을 통해서 하나님께 더 나아갈 수 있는 믿음의 성장을 경험한 크리스천은 그리 많지 않을 것입니다. 오히려 이러한 결과로 인해 주일예배에 얼굴이 보이지 않고 교회의 여러 모임에 참석하지 않는 믿음의 형제자매들을 자주 찾아볼 수 있을 것입니다.

한 가지 질문을 하겠습니다. 남보다 십일조를 더 내고, 더 많이 봉사하고, 새벽기도에 빠지지 않고, 모든 예배에 참석하는 열심 때문에 하나님이 축복하고, 그렇지 않으면 축복하지 않는다고 생각하시나요? 그렇지 않습니다. 그렇다고 축복의 유무가 요행이나 우연으로 이루어졌다고 생각하는 것 또한 기독교의 본질에 맞지 않습니다.

크리스천들이 보여주는 삶의 여러 모양으로 나타나는 열매의 결과는 주위 사람들에게 신앙의 도전과 일상생활에서 직•간접적으로 영향을 줄 수 있습니다. 그러나 결과보다 더 중요한 기독교의 본질이 있습니다. 에덴동산에서 하나님이 아담에게 불어넣은 생명의 호흡의 본질은 창조주 하나님이 어떤 분인가를 알아보는 지혜이며 정신이었다는 사실을 잊어서는 안 됩니다. 창조시대 때 아담에게 주었던 축복, 번성, 다스림이 “하나님 보시기에 심히 좋았다”라는 하나님이 기뻐하심은 창조의 근본 질서였습니다. 그 근본 질서가 아담의 불순종으로 이 세상에서는 더 이상 존재하지 않게 되었습니다. 그럼 창조의 근본질서의 회복은 무엇입니까? 바로 아담과 하와에게 주셨던 “하나님 보시기에 심히 좋았더라”는 진리를 깨닫는 지혜와 정신인 생명의 호흡을 되찾을 때 에덴동산의 회복이 시작됩니다.

그럼 에덴동산의 회복의 시작은 무엇부터 시작해야 되나요? 사탄에게 빼앗겼던 생명의 호흡이 죽고 새로 태어나는 것입니다. 이것을 가리켜 거듭났다. "Born Again Christian", 혹은 “Reborn Christian”즉 거듭난 크리스천 이라고 말합니다. 새로 태어났다는 말은 무슨 말입니까? 나는 죽고 하나님을 아는 지혜와 정신인 생명의 호흡인 루와흐(חוּר, RuWaCH), 즉 성령의 호흡으로 태어났다는 뜻입니다. 더 자세히 말하면 예수 그리스도의 피 흘려 죽으심으로 사탄이 주인 된 나의 생명의 호흡이 죽고 예수 그리스도의 다시 살아나심으로 그리스도의 영이 내 생명의 호흡되어 내 삶의 주인 됨을 인정하는 것입니다. 시편14편 기자인 다윗은 하나님이 살아계심을 알고 깨닫기를 시로 남겼습니다. 처음 하나님이 아담에게 불어넣은 것이 생명의 호흡, 즉 지혜이며 정신이었습니다. 바로 하나님을 지각(知覺)하는 호흡이었습니다.

“여호와께서 하늘에서 인생을 굽어 살피사 지각이 있어 하나님을 찾는 자가 있는가 보려 하신즉.”(시편 14:2)

시편14편의 말씀처럼 하나님은 인생을 살피시며 하나님을 찾는 사람이 있나 없나 굽어 살피신다 하였습니다. 그래서 크리스천들의 삶의 중심은 늘 하나님이 살아계심을 깨닫는 삶이 되어야 합니다. 그 결과 “기대”와 “소원”이 무엇이든지 결과에 대해서 크리스천들의 입술에서는 “하나님이 하셨다”라는 고백이 나와야 합니다.

마치 에덴동산 중앙에 선악을 알게 하는 나무를 심어놓고 아담에게 먹지 말라 명하신 하나님의 진정한 사랑을 깨닫는 것입니다. 선악과를 먹으면 죽게 된다는 두려움을 주기위한 것이 아니고, 선악과를 바라볼 때마다 하나님이 나를 지으신 분이고 축복과 번성과 다스림의 주관자 됨을 늘 기억하라는 하나님의 참 사랑 이었습니다. 그 참 사랑은 사람에게 영원한 복과 생명의 근원이 되겠노라는 하나님의 약속 이었습니다. 그러한 하나님의 참 사랑을 쫓으며 그리스도인의 삶의 모범을 보여주신 분이 예수 그리스도이십니다.

모든 크리스천이라면 각자 살아가는 삶속에서 “예수님이라면 어떻게 하셨을까?”를 한번쯤은 생각해보고 그 삶에 도전하고 싶은 마음을 가져보았을 것입니다. 그럼 예수님은 어떻게 이 세상 풍속을 쫓지 않고 하나님의 선하시고 기뻐하시고 온전하신 뜻을 좇아 살다 십자가에 달려 죽기 까지 순종하며 살아낼 수 있었을까요? 예수님은 사람이지만 신(神)적인 존재이기에 모든 것이 가능하였기 때문이었을까요? 아닙니다. 예수님도 모든 사람들처럼 배고픔, 아픔, 슬픔, 기쁨을 느꼈던 사람의 성정(性情) 을 가졌던 분이었습니다. 예수님 스스로가 하나님 아버지로서 일하신적이 단 한 번도 없었습니다. 예수님은 야훼 하나님이었음에도 가장 낮아진 사람의 모습으로 이 땅에 오셔서 죽기까지 순종함으로 인류를 향한 하나님의 구원의 약속을 온전히 이루셨습니다.

예수님은 연약한 사람의 모습으로 3년 반[41] 동안의 공생애[42]를 사신 분입니다. 40주야를 굶주리며 광야에서 사탄에게 시험받았으나 하나님 말씀으로 시험을 이기셨고, 갈릴리 가나의 혼인잔치에서 물을 포도주로 만드시고, 빵 다섯 개와 물고기 두 마리로 오천 명을 먹이셨고, 죽은 나사로를 살리셨고, 소경된 자의 눈을 뜨게 하셨고, 12년 동안 혈루증 앓던 여인을 고쳐주시는 등 많은 기적을 많은 사람들에게 보여주셨습니다. 어떻게 예수님은 사람의 지혜와 이성으로는 이해할 수 없고 설명할 수 없는 기적들을 행하셨을까요? 예수님이 열심히 기도하

41) 3년 반의 기간은 유월절을 기준으로 첫 번째 유월절이 되기 6개월 전 요단강에서 물세례와 성령세례를 받으시며 공생애의 시작으로 4번째 유월절 날 십자가에 못 박혀 죽기까지의 공생애 사역기간이 3년 반으로 계산됩니다.

42) 공생애(公生涯), 영어로 Public Life라고 합니다. 개인의 삶을 위한 것이 아니라, 모든 사람을 위해 태어나고 죽는다 라는 뜻입니다. 성경에는 공생애라는 단어가 없으나, 하나님의 구원사역으로 해석한다면 하나님으로부터 보냄을 받은 자로서 인류를 구원 할 하나님의 뜻을 온전히 이루는 삶을 뜻합니다.

여 치유의 은사를 받으셨기 때문일까요? 아니면 병든 자들을 위해 금식하며 간절히 기도하셨기 때문이었을까요? 아니면 지극정성으로 병든 자와 굶주린 자들을 보살폈기 때문에 하나님이 감동하여 기적을 허락하셨을까요? 아닙니다. 사람이셨던 예수님은 성령님의 도우심과 인도하심으로 3년 반 동안의 공생애를 살면서 기적을 보이시며 하나님 나라를 전파하며 죽기까지 순종할 수 있었습니다.

그럼 예수님의 공생애가 시작될 때 예수님과 함께한 분이 누구이며 누구의 능력으로 하나님의 구원 계획을 완성할 수 있었는지 성경구절에서 찾아보겠습니다.

> "선지자 이사야의 글을 드리거늘 책을 펴서 이렇게 기록한 데를 찾으시니 곧 주의 성령이 내게 임하셨으니 이는 가난한 자에게 복음을 전하게 하시려고 내게 기름을 부으시고 나를 보내사 포로 된 자에게 자유를, 눈먼 자에게 다시 보게 함을 전파하며 눌린 자를 자유케 하고 주의 은혜의 해를 전파하게 하려 하심이라 하였더라."(눅 4:17-19)

> "예수께서 성령의 충만함을 입어 요단강에서 돌아오사 광야에서 사십일 동안 성령에게 이끌리시며 마귀에게 시험을 받으시더라."(눅 4:1-2)

사람이셨던 예수님은 성령과 함께 성령의 인도하심과 능력으로 가난한자에게 복음을 전하고, 죄에 포로 된 자에게 자유를, 영(靈)의 눈먼 자들에게 다시 보게 함을 그리고 주의 은혜의 때를 위해 예수님은 십자가에 죽기까지 순종의 삶을 살아갈 것을 이사야 선지자는 예수님 오시기전 약 700여 년 전에 예언하였습니다.

이처럼 예수님의 3년 반 동안의 공생애 중심에는 항상 성령하나님이 함께 계셨습니다. 다시 말하면 하나님 중심의 삶을 사셨습니다. 과연 하나님 중심의 삶을 사신 예수님의 삶의 모습이 어떤 모습이었는지 이해하기 위해 다음 성경구절을 살펴보겠습니다.

> "선생님이여 율법 중에 어느 계명이 크니이까?" 예수께서 가라사대 네 마음을 다하고 목숨을 다하고 뜻을 다하여 주 너의 하나님을 사랑하라 하셨으니 이것이 크고 첫째 되는 계명이요 둘째는 그와 같으니 네 이웃을 네 몸과 같이 사랑하라 하셨으니 이 두 계명이 온 율법과 선지자의 강령이니라."(마 22:36-40)

예수님께서 구약전체를 요약하신 말씀이 "*네 마음을 다하고 목숨을 다하고 뜻을 다하여 주 너의 하나님을 사랑하라*"라고 말씀하십니다. 하나님 사랑하기를 최우선으로 정하라는 뜻에서 첫째 계명이요 가장 큰 계명이라 말씀하십니다.

그러나 현실은 어떻습니까? 이 세상을 살아가는 도덕적 이치와 지혜는 먼저 나 자신이 강건하고 능력이 있어야 이웃을 돕고 이웃을 사랑할 수 있다고 생각하는 것이 보편적인 생각일 것입니다. 더 솔직히 말하면 “내 직장과 사업이 어느 정도 안정 되고 좀 여유가 있을 때 이웃도 돕고 봉사도하고 교회일도 하겠습니다”라는 말과 다를 바 없습니다. 하나님을 사랑한다는 것은 생각조차 하지 않는 경우도 많을 것입니다. 예배에 빠짐없이 참석하고 구제 봉사에 힘쓰고 교회를 위해 헌신도 하며 간혹 금식기도 등 모범된 신앙생활의 결과로 인한 뿌듯한 마음, 또는 내가 누구를 도왔다는 보람된 마음들이 믿음의 잣대가 되어 나 자신이 믿음 좋은 크리스천이라 인정받고 싶을 때가 있을 겁니다.

위에서 설명한 말은 무엇을 의미할까요? 내 힘으로 내 능력으로 내가 할 수 있을 때 일하겠다는 말일 것입니다. 마치 하나님 나라와 의를 위하여 일한다고 하지만, 결국에는 크리스천이라는 명분아래 내가 판단하고 계획하고 일 하는 과정 중에 하나님을 의지하는 흉내는 내지만 나 자신이 주체가 되고 중심이 되어 일 하고 있는 자신을 발견할 때가 자주 있었을 것입니다.

이제 예수님의 강령이었던 먼저 하나님을 사랑하고, 둘째는 이웃을 사랑하고 그리고 자신을 사랑하라는 말을 다시 묵상해 보겠습니다. 하나님 사랑 이웃사랑 그리고 자기 자신을 사랑하는 강령이 마치 3가지의 사랑이 나뉘어 있는 것처럼 느낄 수 있습니다. 혹은 하나님먼저 사랑하고 그리고 이웃을 사랑하고 끝으로 나 자신을 사랑하라는 우선순위가 있는 것처럼 느낄 수도 있습니다. 그러나 위 사랑들은 하나의 띠로 묶여 있음을 깊이 깨닫기 원합니다. 하나님을 알고 깨달을 때 비로소 하나님을 찾게 되고 결국 하나님을 찾는 간절함이 사랑으로 변하여 내안에 가득차게 됩니다. 그리고 죽을 수 밖에 없는 사람들을 사랑하신 하나님의 값없는 사랑으로 이웃을 사랑할 수 있고 나 자신까지도 사랑할 수 있게 됩니다. 결국 사랑이란 이 세상풍속을 쫒았던 나의 삶을 돌이켜 하나님이 베풀어주신 사랑이 얼마나 크고 감사한지 깨닫게 될 때 나의 생각과 삶이 변하여 이웃을 사랑할 수 있는 능력으로 나타납니다. 그래서 크리스천들은 하나님의 사랑으로 생각하고 일하고 생활하는 것입니다.

그럼 크리스천의 삶의 모습이 하나님 중심으로 변해가기위한 시작의 첫걸음을 위해 도전되는 몇 가지 행함을 나누고자 합니다.

1) **하나님을 깨닫고 찾고자 하는 간절한 마음을 품기 바랍니다.** 내 모습 그대로 어느 곳에 있든지 하나님을 알기 원하며 찾고자하는 간절한 마음으로 기도하기 바랍니다.

2) **성경 말씀을 사모하기 바랍니다.** 요한복음 1장 1절 "*…이 말씀은 곧 하나님 이시니라*"기록된 것처럼, 성경말씀이 하나님이기에 말씀을 사모할 때 하나님을 향한 사랑의 시작입니다. 보이지 않는 하나님을 어떻게 만나며 그분의 말씀을 어

떻게 듣겠습니다. 말씀을 사모하는 마음이 있어야 성경을 펼치게 됩니다.

3) **성경 말씀을 읽어야 합니다:** 사랑하기 시작하면 사랑하는 대상을 더 많이 알고 싶고 찾고 싶어집니다. 말씀으로 오신 하나님을 찾고 알아가기 위해 성경 말씀을 읽어야 합니다.

4) **성경말씀을 묵상하는 행동이 습관화 되어야 합니다.** 마치 소가 늘 음식을 되새김하는 것처럼, 읽은 말씀을 생각하고 묵상하고 지금 내가 처한 상황을 성경말씀으로 비춰봐야 합니다. 결코 쉽지 않은 습관입니다. 그러나 한번쯤은 말씀을 사모하는 일에 모든 열정과 정성을 쏟아 붓기 바랍니다. 그럼 반드시 하나님이 말씀으로 만나주십니다.

5) **성경 말씀을 통하여 하나님이 내 삶에 항상 함께 하심을 경험하셔야 합니다.** 모든 크리스천들의 삶에는 우연이란 없습니다. 다 이유가 있고 하나님의 계획과 뜻이 있음을 믿기 바랍니다. 그 믿음이 모든 크리스천들의 생명의 호흡이 되어야합니다. 나는 죽고 예수 그리스도가 성령으로 내안에 함께 거하심을 믿고 고백하고 그리스도의 영과 함께 동행함을 믿어야 합니다.

위 다섯 가지에 도전한다는 것은 간단하거나 쉽지는 않지만,

이러한 삶이 한번쯤은 실천될 때 생각이 변하고 입술의 말들이 변하며 그리고 삶속에서 행해지는 행동들이 변하게 됩니다. 왜냐하면 내가 주인 된 삶의 중심이 하나님 중심의 삶으로 변해가기 때문입니다. 성경말씀이 내 안에 들어오면 반드시 삶의 변화가 시작됩니다.

3-3 그리스도 권세의 옷을 입은 자로서의 삶

하나님의 일은 사람의 능력과 계획이나 지식으로 행하는 것이 아닙니다. 옛 사람인 나는 그리스도와 함께 십자가에 못 박혀 죽고 내 안에 그리스도의 영이 내 생명의 호흡의 주인 되어 내 삶을 인도하게 됩니다. 이 믿음이 우리 자신과 하나 될 때 예수님께서 제자들에게 말씀하신 "*나를 믿는 자는 내가 하는 일을 그도 할 것이요 또한 그 보다 큰일도 하리니*"라고 한 말씀이 믿는 자들을 통해 성취되는 것입니다.

이러한 믿음이 예수 그리스도와 인격적으로 함께 한다는 믿음을 말하며, 예수 그리스도와 함께 죽고 죽음에서 부활하여 살리는 영으로 모든 믿는 자들에게 성령의 두루마기인 그리스도의 옷으로 덧입혀지는 것입니다.

"너희가 다 믿음으로 말미암아 그리스도 예수 안에서

하나님의 아들이 되었으니 누구든지 그리스도와 합하기 위하여 세례를 받은 자는 그리스도로 옷 입었느니라."(갈3:26-27)

그리스도 이름의 권세로 옷 입고 일할 때 모든 것이 합력하여 "하나님 보시기에 심히 좋았더라"는 하나님의 뜻을 이루는 것이 그리스도 복음의 진리이며 능력입니다. 이 복음의 진리를 믿을 때 그리스도, 즉 기름부음을 받은 자 로서의 직분을 감당할 수 있습니다. 왕 같고 선지자 같으며 그리고 제사장 같은 권세가 크리스천들의 삶속에서 능력으로 나타나게 될 것입니다. 이제 모든 거듭난 크리스천들이 기름부음 받은 자인 그리스도에 속한 자로서 어떠한 삶을 살아가야 하는지 살펴보겠습니다.

거듭난 크리스천의 삶: 왕의 권세로

솔로몬왕이 여호와의 성전을 7년에 만에 완공한 후 하나님이 솔로몬에게 나타나 왕의 자리를 견고히 하겠다는 약속의 말씀을 하십니다. 그러나 한 가지 조건을 제시하는데 "다윗이 행함 같이"하라는 조건이었습니다.

"네가 만일 네 아버지 다윗이 행함 같이 마음을 온전히 하고 바르게 하여 내 앞에서 행하며 내가 네게 명

> 령한 대로 온갖 일에 순종하여 내 법도와 율례를 지키면 내가 네 아버지 다윗에게 말하기를 이스라엘의 왕위에 오를 사람이 네게서 끊어지지 아니하리라 한 대로 네 이스라엘의 왕위를 영원히 견고하게 하려니와." (열상 9:4-5)

열왕기상하를 읽다보면 하나님이 왕의 행적을 비교할 때 자주 표현하는 말씀이 있습니다. "*그의 조상 다윗같이 여호와 보시기에 정직하게 행하여*" 혹은 "*그의 조상 다윗이 행함같이 아니하여*"라는 말로 "선한 왕" 혹은 "악한 왕"으로 구분 지었습니다. 또한 사도행전 13장 22절에 사도 바울이 안디옥에 있는 유대인 회당에서 이스라엘 백성과 하나님을 경외하는 사람들에게 설교하는 구절입니다. "*다윗을 왕으로 세우시고 증거하여 가라사대 내가 이새의 아들 다윗을 만나니 내 마음에 합한 사람이라 내 뜻을 다 이루게 하리라 하시더니 하나님이 약속하신대로 이 사람의 씨에서 이스라엘을 위하여 구주를 세우셨으니 곧 예수라.*"

다윗의 소년시절 유명한 일화가 있습니다. 거의 3미터에 달하는 블레셋 병사 골리앗과 일대일로 싸울 준비를 마치고 다윗이 모든 이스라엘군대와 블레셋 군대가 대열을 갖추고 있을 때 다음과 같이 외칩니다.

> "다윗이 블레셋 사람에게 이르되 너는 칼과 창과 단창

으로 내게 나아 오거니와 나는 만군의 여호와의 이름 곧 네가 모욕하는 이스라엘 군대의 하나님의 이름으로 네게 나아가노라." (삼상 17: 45)

다윗이 하나님 마음과 합한 자의 모습으로 인정받았던 가장 큰 이유 중에 하나가 "나는 만군의 여호와 하나님의 이름으로 나가노니"라는 고백이었을 것입니다. 소년 다윗이 사람의 능력과 조건으로는 도저히 상대가 안 되는 싸움을 칼과 방패와 갑옷이 아닌 하나님의 이름만을 의지하여 거인 골리앗과 싸우러 나갑니다. 이 믿음의 고백이 하나님 마음에 합하여 다윗의 행적이 늘 다른 왕들의 행적에 대한 선함과 악함의 판단 기준이 되었을 것입니다.

그래서 하나님 마음과 합한 왕의 권세의 표준은 "다윗이 행함같이"입니다. 만군의 야훼(יהוה, YaHWeH)하나님의 이름으로 나아가는 삶입니다. 이 삶의 모습이 하나님의 뜻을 이루는 것이며 결국 하나님의 기쁨 되는 삶입니다.

그럼 왕의 권세가 무엇입니까? 많은 권세가 있겠지만 두 가지로 정리하면 백성을 다스리고 나라의 흥망성쇠의 책임자이며 지도자로서의 권세가 있습니다. 백성을 보호하고 나라를 지키기 위해 무엇보다 적을 대항하여 앞장서 나가는 왕의 모습은 구약성경에서 많이 찾아볼 수 있습니다. 그런데 다윗은 왕이 되기 전 소년시절부터 여호와 하나님의 이름을 알았습니다. 그 이름의 능력과 권세가 나라를 구하고도 남는 믿음이 있었기에 블레셋 사람 골리앗에게 담대히 외쳤습니다. "*나는 만군의 여호와의 이름 곧 네가 모욕하는 이스라엘 군대의 하나님의 이름으로 네게 나아가노라.*"

이름이란 무엇입니까? 제 3부 2장에서 설명했듯이 불려지는 호칭 그 이상입니다. 이름이 불려 지거나 생각날 때 그 사람 혹은 대상의 특징과 성격과 생김새가 이름과 함께 마음속에 그림처럼 그려집니다. 그것이 이름의 힘이요 능력입니다. 그런데 하나님이 모든 이름 위에 뛰어난 이름을 주신 분의 이름이 있습니다. 그분의 이름이 "예수"입니다.

> **"이러므로 하나님이 그를 지극히 높여 모든 이름 위에 뛰어난 이름을 주사 하늘에 있는 자들과 땅에 있는 자들과 땅 아래 있는 자들로 모든 무릎을 예수의 이름에 꿇게 하시고."(빌 2 9:10)**

야훼 하나님이 예수 이름을 가장 뛰어난 이름으로 만드시고 예수의 이름에 모든 이름을 무릎꿇게 하셨다고 말씀하십니다. 다윗은 이 진리를 알았던 것입니다. 하나님의 이름을 외쳤지만 동시에 살아계신 하나님의 전지전능하심의 능력을 마음속에 선명히 그렸던 것입니다. 다윗이 왕이 되었음에도 왕의 권세를 행할 때 만군의 하나님의 이름으로 나갔던 것입니다. 그와 같은 다윗의 행함이 하나님과 합한 자의 삶의 모습입니다. 그 이름이 야훼(יהוה, YaHWeH, 뜻: 손을 보라 못을 보라)하나님이신 예수 그리스도입니다.

거듭난 크리스천의 삶: 선지자의 권세로

선견자, 선지자, 예언자 혹은 대언자 라는 직분을 맡은 사람들의 삶이 성경에 많은 부분을 차지하고 있습니다. 이사야, 예레미아, 에스겔, 다니엘, 요엘, 요나, 아모스, 호세아, 말라기까지 구약성경의 선지서로 분류되어 있습니다. 주로 북이스라엘과 남유다 왕 들이 하나님의 말씀과 법도를 떠나 우상숭배와 이방신들을 섬길 때마다 하나님은 선지자들을 이스라엘 왕과 백성들에게 보냈습니다.

그럼 선지자 혹은 예언자 는 누구입니까? 사람들의 과거를 말해주고 미래의 길흉화복을 말해주는 점쟁이가 아닙니다. 선지자는 전적으로 하나님 말씀을 듣고 하나님이 가라는 곳에 가서 하나님 말씀을 가감 없이 전하는 사람입니다. 아모스 선지자가 선지자들의 사명을 한마디로 설명한 부분입니다.

> "주 여호와께서는 자기의 비밀을 그 종 선지자들에게 보이지 아니하시고는 결코 행하심이 없으시리라."(아모스 3:7)

구약성경에는 17권의 선지서가 기록되어 있습니다. 5권의 대선지서[43] 와 12권의 소선지서[44]가 있습니다. 선지서들을 읽다보면 공통된 말씀이 있습니다. "여호와께서 말씀하시기를....", ".....여호와의 말씀 이니라"입니다. 하나님은 선지자들을 보내시며 끝임 없이 선포하게 하신 압축된 말씀이 "야훼(여호와) 하나님께로 돌아오라"였습니다. 그런데 이스라엘 백성들의 삶의 모습은 어떠했습니까? 하나님이 명하신 "하라" 혹은 "하지 말라"의 율법을 벗어난 행동으로 결국 이스라엘의 분열왕국이 멸망하게 됩니다. 결국 죄 있는 사람들이 행위로는 하나님의 율법을 지킬 수 없으며 하나님께 돌아갈 수 없음을 이스라엘 백성들의 삶을 통하여 증명하고 있습니다.

그런데 그리스도로 오신 예수님의 순종으로 인해 하나님의 뜻이 이루어지고 예수그리스도를 믿음으로 말미암아 하나님께 돌아갈 수 있는 길이 열리게 된 것입니다. 이러한 시대를 "은혜의 시대"라고 말합니다. 그리스도의 영이 내안에 동거한다는 사실을 믿는 모두에게 새로운 생명의 호흡인 성령의 지혜를 통하여 하나님께 돌아가는 길을 알고 하나님과 다시 연합할 수 있다는 약속입니다. 이 약속을 전할 수 있는 직책을 예수 그리스도를 믿는 모든 사람에게 주었다고 사도 바울이 외치고 있습니다.

---

43) 장문으로 기록되었기 때문에 대선지서 혹은 대예언서라 말하며, 이사야, 예레미야, 예레미야 애가, 에스겔, 다니엘이 대선지서입니다.

44) 짧게 기록되었기 때문에 소선지서 혹은 소예언서라 말하며, 호세아, 요엘, 아모스, 오바댜, 요나, 미가, 나훔, 하박국, 스바냐, 학개, 스가랴, 말라기

> "그런즉 누구든지 그리스도 안에 있으면 새로운 피조물이라 이전 것은 지나갔으니 보라 새것이 되었도다. 모든 것이 하나님께로 났나니 저가 그리스도로 말미암아 우리를 자기와 화목하게 하시고 또 우리에게 화목하게 하는 직책을 주셨으니."(고후 5: 17-18)

그럼 누가 이 은혜의 말씀을 전할 수 있는 직책을 받았습니까? 목사님인가요?, 장로님인가요?, 신학자들 인가요? 아니면 선교사님들 인가요? 예수 그리스도를 내 삶의 주인 됨을 믿는 모든 사람들에게 주어진 사명입니다. 가난한 사람 세상지식이 부족한 사람 혹은 세상에서 무시 받는 사람일지라도 예수 그리스도의 영이 내안에 계신다는 굳건한 믿음을 움켜쥐고 사는 사람들에게 하나님이 그리스도의 대사의 직책으로 세우셨다는 사실을 깨닫기 바랍니다. 즉 "하나님과 화목 할 수 있는 길"이 있다고 전할 수 있는 기름부음 받은 선지자의 권세를 부여받는 것입니다.

> "이는 하나님께서 그리스도 안에 계시사 세상을 자기와 화목하게 하시며 저희의 죄를 저희에게 돌리지 아니하시고 화목하게 하는 말씀을 우리에게 부탁하셨느니라. 이러므로 우리가 그리스도를 대신하여 사신이 되어 하나님이 우리로 너희를 권면하시는 것 같이 그리스도를 대신하여 간구하노니 너희는 하나님과 화목하라."(고후 5:19-20)

하나님과 화목할 수 있다는 소식이 바로 "복음", 즉 좋은 소식입니다. 진정한 그리스도의 사람으로 거듭난 사람은 복음을 전하지 않을 수 없습니다. 내 의지와 능력이 아니라 내안에 계시는 성령님이 내 입술과 내 몸의 지체들을 도구로 사용하십니다. 그래서 복음 들고 가는 자들의 발이 아름답다고 성경은 전하고 있습니다.

> "기록된바 아름답도다 좋은 소식을 전하는 자들의 발이여 함과 같으니라."(롬 10:15)

> "좋은 소식을 전하며 평화를 공포하며 복된 좋은 소식을 가져오며 구원을 공포하며 시온을 향하여 이르기를 네 하나님이 통치하신다 하는 자의 산을 넘는 발이 어찌 그리 아름다운가."(이사야 52:7)

선지자의 권세를 누구에게 주었다고 성경은 말하고 있습니까? 예수 그리스도를 내 삶의 주인으로 받아들이는 모든 사람에게 선지자의 권세를 주셨다고 말합니다. 비록 그리스도를 믿는 사람들도 이 세상 문화와 사회적 관습 그리고 전통 안에서 살고 있지만 과거의 습관이나 풍속에 익숙한 옷을 입은 자가 아니라, 그리스도의 옷 입은 자로 살아가는 사람이기에 그리스도가 내 삶의 주인 된 거듭난 크리스천이 있는 곳에는 반드시 변화가 있어야 합니다. 자신의 능력과 지혜로 변화시키는 것이 아닙니다. 그리스도의 영인 성령의 능력으로 나 자신은 도구로만 사용될 뿐입니다.

혹시 주위에 절망에 빠져있는 가족과 친척 혹은 친구가 있습니까? 담대하고 온유한 마음으로 복음 들고 다가가서 선지자의 기름부음 받은 권세 붙들고 "하나님께 돌아오라! 그 길은 오직 예수 그리스도를 믿는 믿음으로 갈수 있는 길입니다"라고 외치기 바랍니다. 그리고 믿음으로 하나님의 때를 기다리기 바랍니다. 믿음의 사람들이 외친 말을 성령님이 움켜쥐고 변화시킨다는 진리를 믿기 바랍니다.

복음을 전하기전 먼저 준비해야할 다음 네 가지를 항상 기억하기 바랍니다.

- 내 삶을 성령의 조명하심으로 정결케 준비하기 바랍니다.
- 시간을 정하여 성경말씀을 읽고 기도하며 성령님이 인도하심이 무엇인지 깨닫도록 기도하기 바랍니다.
- 복음 전할 분을 생각하며 그 분의 마음과 형편이 되어 기도하기 바랍니다.
- 예수님이 십자가에서 흘리신 보혈로 먼저 나 자신의 허물을 가리워 주기를 기도하기 바랍니다.

이처럼 그리스도의 복음을 전할 준비를 항상 하되 온유함과 두려움으로 준비하며 그리스도의 복음이 필요한 분을 만날 때 주저하지 말고 나 자신이 선지자로서의 권세가 있음을 믿고 복음을 전하기 바랍니다. 복음은 소망이 없고 절망으로 죽어가는 사람을 살리는 힘이 있습니다.

"너희 마음에 그리스도를 주로 삼아 거룩하게 하고 너희 속에 있는 소망에 관한 이유를 묻는 자에게는 대답할 것을 항상 예비하되 온유와 두려움으로 하고." (벧전 3:15)

거듭난 크리스천의 삶: 대제사장의 권세

기름부음을 받은 그리스도의 삼중 직 직분 중 마지막 하나는 제사장입니다. 구약시대에 제사장의 혈통과 역할에 대해 출애굽기와 레위기에 자세히 기록되어 있습니다. 그런데 많은 크리스천들과 간혹 목사님들조차도 구약시대 하나님께 제사 드리는 방법을 잘못 이해하고 있다는 사실을 알고 있는지요? 흔히 이해하는 구약시대의 제사 형식은 하나님 앞에 제사 드리러온 사람이 흠 없는 짐승 (소, 양, 염소, 또는 비둘기) 혹은 고운곡물 가루를 여호와 성막문앞 번제단으로 가져오면 제사장이 제사 드리러온 사람과 제물의 머리에 안수하여 그 사람의 죄를 짐승에게 전가시키고, 제사장이 짐승을 잡아 피를 번제단 사방에 뿌리고 짐승의 가죽을 벗기고 각을 떠서 번제단위에서 태움으로 하나님께서 그 연기를 흠향하시는 것으로 이해하고 있습니다. 얼핏 읽어보면 아주 그럴듯하게 맞는 것처럼 들립니다. 그러나 이러한 제사제도에 관해 기록은 성경에서 찾아볼 수 없는 내용입니다.

먼저, 제사란 무엇이고, 제사를 드리러온 사람, 제사장 그리고 대제사장의 역할을 레위기와 히브리서를 통하여 정확히 살펴보겠습니다.

① 제사

제사가 무엇입니까? 죄로 인해 하나님께 나아갈 수 없는 피조물인 사람이 하나님께 나아갈 수 있도록 하는 예식입니다. 죄가 있는 상태로는 하나님 앞에 설 수도 없기에 죄의 용서함을 먼저 받아야합니다. 죄 사함 받는 데는 조건이 있습니다. 반드시 피를 흘려야합니다. 왜냐하면 피 흘림 없이는 죄 사함을 받을 수 없기 때문입니다.

> "율법에 따라 거의 모든 것들이 피로써 정결하게 되나니 피 흘림이 없이는 죄 사함이 없느니라."(히 9:22)

피를 흘린다는 것은 죽음을 의미합니다. 죄 있는 사람이 피 흘려 죽는다면 죄의 댓가를 받는 것이지 용서받는 것은 아닙니다. 그럼 어떻게 해야 될까요? 죄 없는 사람이 죄 있는 사람을 위하여 대신 죽어야 하는데 모든 사람은 다 죄인이기에 사람이 죄인의 죄를 대신 짊어지고 죽을 수가 없습니다. 그래서 사람의 죄를 짐승에게 전가하고 그 짐승을 피 흘려 죽이는 것입니다. 아무 짐승을 죽일 수 없고 반드시 흠 없는 소, 양, 염소 혹은 비둘기가 제사의 제물로 드려집니다. 한번 제사를 드렸다고 완전히 죄가 사라진 것이 아니라 일시적입니다. 만약 누구든지 하나님의 율법의 "하라" 혹은 "하지마라"에 반하는 행위를 할 때 마다 흠 없는 짐승의 피로 제사를 드려야 했습니다.

② 제사 드리러온 사람의 역할

레위기 1장을 자세히 읽어보면 제사 드리러온 사람과 제사장의 역할을 잘 이해할 수 있습니다.

"*이스라엘 자손에게 말하여 이르라 너희 중에 누구든지 여호와께 예물을 드리려거든 가축 중에서 소나 양으로 예물을 드릴지니라. 그 예물이 소의 번제이면 흠 없는 수컷으로 회막 문에서 여호와 앞에 기쁘게 받으시도록 드릴지니라. 그는 번제물의 머리에 안수할지니 그를 위하여 기쁘게 받으심이 되어 그를 위하여 속죄가 될 것이라. 그는 여호와 앞에서 그 수송아지를 잡을 것이요 아론의 자손 제사장들은 그 피를 가져다가 회막 문 앞 제단 사방에 뿌릴 것이며 그는 또 그 번제물의 가죽을 벗기고 각을 뜰 것이요. 제사장 아론의 자손들은 제단 위에 불을 붙이고 불 위에 나무를 벌여 놓고 아론의 자손 제사장들은 그 뜬 각과 머리와 기름을 제단 위의 불 위에 있는 나무에 벌여 놓을 것이며 그 내장과 정강이를 물로 씻을 것이요 제사장은 그 전부를 제단 위에서 불살라 번제를 드릴지니 이는 화제라 여호와께 향기로운 냄새니라.*"(레 1: 2-9)

레위기 1장에 쓰여진 "그는" 혹은 "그를 위하여"란 3인칭 대명사는 제사를 드리기 위해 제물을 가지고 온 사람입니다. 제사 드리러 온 사람이 흠 없는 짐승을 가져와 "그는"짐승의 머리에 손을 얹고 안수하여 "그를 위하여"그의 죄를 짐승에게 전가 시키고 "그는"짐승을 죽이고 제사장은 짐승의 피를 번제단 사방에 뿌린 다음, "그는" 짐승의 가죽을 벗기고 각을 뜹니다. 그다음 제사장은 번제단에 불을 붙이고 나무를 벌여놓고 각을 뜬 짐승을 나무위에 올려놓습니다. 제사의 종류에 따라 짐승의 살과 뼈와 기름 혹은 고운 곡물가루가 타면서 나는 냄새가 하나님께는 향기로운 냄새라고 레위기에 기록되어 있습니다.

하나님과의 관계회복을 위해 자신을 죄로부터 정결케 함을 위해 죄 있는 사람들이 직접 자기 죄를 고백하고 짐승에게 자신의 죄를 전가시키고 짐승을 죽이고 각을 뜹니다. 이것이 제사 드리러온 사람의 역할입니다.

③ 제사장의 역활

제사장은 짐승의 피를 번제단에 뿌리고 제물을 태우기 위해 각을 뜬 짐승을 번제단 위에 올려놓습니다. 이처럼 구약시대 제사장은 제사를 주관하는 사람으로서 하나님과 죄 있는 이스라엘 백성사이에 중보자 역할을 하는 사람입니다.

제사장의 역할이 또 있습니다. 성막의 가는베실로 짠 문을 열고 들어가면 제물을 태우는 번제단 그리고 손을 씻는 물두멍 그리고 첫째 장막인 성소가 있습니다. 성소 안에는 떡상과 등대와 분향단이 있습니다. 제사장들은 떡상의 떡을 안식일마다 새것으로 진설해야하고 등대의 불과 분향단의 향이 항상 켜져 있도록 저녁과 아침으로 관리하는 책임을 맡은 사람이 아론과 그의 자식들, 즉 제사장들입니다. 그 외 제사장들은 하나님의 율법에 따라 이스라엘 백성들을 재판도하고 율법을 가르치기도 하며 질병의 여부를 판단하기도 합니다. 그림 3-1은 성막의 구조를 보여주고 있습니다.

출처: http://www.sjd.or.kr/board_CjAT33/20264

그림 3-1 성막의 구조

④ 대제사장의 역할

마지막으로 제사장들을 대표하는 대제사장이 있습니다. 대제사장은 둘째 성막인 하나님의 언약궤가 있는 지성소에 일 년에 한 번씩 대제사장 자신과 가족 그리고 이스라엘 모든 백성의 죄를 사함받기 위해 흠 없는 짐승의 피를 가지고 하나님의 임재 앞으로 나아감으로 죄인인 사람들 편에서 하나님께 백성들의 죄 사함을 위해 중보하는 사람입니다. 이날을 속제일(The Day of Atonement) 이라고 하며 해마다 반복 됩니다.

"대제사장마다 사람 가운데서 택한 자이므로 하나님께 속한 일에 사람을 위하여 예물과 속죄하는 제사를 드리게 하나니."(히 5:1)

히브리서 5장 1절의 말씀은 아주 초등학생도 극히 상식적으로 이해할 수 있는 말씀으로 시작합니다. "*대제사장마다 사람 가운데서 택한 자 이므로*" 대제사장의 직분을 사람에게 부여하는 것은 극히 당연한 일인데 구지 사람가운데 택한 자 라고 성경은 기록하고 있습니다. 여기에는 예수 그리스도를 예표 하는 신비가 내포되어 있습니다. 초대 대제사장인 아론을 비롯하여 예수님이 십자가에 돌아가실 때 대세사장이었던 가야바 까지 모두 사람이었으나 죄 있는 사람의 모습이라는 것을 강조하기 위함입니다.

"*하나님께 속한 일에 사람을 위하여 예물과 속죄의 제사를 드*

리게 하나니" 하나님의 많은 속성 중에 동전의 양면과 같이 공존하는 속성에 대해 제 1부에서 언급한 바와 같이 죄에 대해서 반드시 심판해야하는 공의의 하나님 속성, 그리고 용서와 죄를 대신 값아 주시는 사랑의 하나님 속성이 공존합니다. 여기서 말하는 "하나님의 속한 일"이란 죄에 대한 심판입니다. 죄를 심판하거나 용서하실 수 있는 분은 오직 하나님 자신이라는 점입니다. 그래서 죄인 된 사람을 위해 흠 없는 짐승을 제물로 드림으로 하나님께 나아가는 예식인 제사를 드리는 것입니다. 이러한 제사를 죄 있는 사람과 하나님사이의 중보자로서 제사장을 대표하여 대제사장에게 맡겼다는 것입니다.

"오직 둘째 장막은 대제사장이 홀로 일년 일차씩 들어가되 피 없이는 아니하나니 이 피는 자기와 백성의 허물을 위하여 드리는 것이라."(히 9:7).

⑤ 대제세장 되신 예수 그리스도

구약시대에 죄 사함의 유일한 길은 반드시 피 흘림의 제사를 드려야 했고 흠 없는 짐승의 피로 드려져야 했습니다. 그렇지만 이러한 흠 없는 짐승의 피로 드리는 제사는 영원한 죄 사함이 아니라, 일시적인 죄 사함으로 해마다 반복됐습니다.

그런데 여자의 후손으로 오신 한 사람이 계시니 그분은 남자의 씨가 아닌 성령으로 잉태하여 죄 없는 사람의 모습으로 이 땅에 오실 것을 선지자들로 예언하게 하십니다. 그분이 대제사장의 직분을 담당하신 기름부음 받은 그리스도가 되셨고 "구원이시다"라는 이름으로 이 땅에 오신 사람이십니다. 바로 하나님의 아들이신 예수님입니다.

> "그리스도께서 장래 좋은 일의 대제사장으로 오사 손으로 짓지 아니한 곧 이 창조에 속하지 아니한 더 크고 온전한 장막으로 말미암아 염소와 송아지의 피로 아니하고 오직 자기 피로 영원한 속죄를 이루사 단번에 성소에 들어 가셨느니라."(히 9:11-12)

그분은 흠 없는 짐승의 피가 아닌 자신의 피를 가지고 하나님의 임재가 계시는 둘째 장막인 지성소에 들어가 단번에 영원한 속죄를 위해 하나님께 나아가신 것입니다. 죄인 된 사람과 하나님사이를 화목케 하고자 영원한 중보자 되신 예수님이 하나님께 이렇게 말씀하셨을 것입니다. "하나님 아버지! 이제 모든 사람들의 죄를 나의 피로 도말[45]하였으니 저들의 죄를 기억치 마시고 오직 하나님의 아들 예수의 이름을 부르는 자들과 화목하시어 하나님과 하나 됨을 허락하시니 감사드립니다. 하나님과 다시 화목됨은 저들을 위함이 아니요, 하나님 아버지를 영화롭게 하기 위함입니다"라고 영원한 중보자로서 하나님께 찬송과 영광을 돌렸을 것입니다.

---

45) 도말: 칠할 도(塗) 지울 말(抹). 발라서 드러나지 않게함 (출처: Daum 사전). 영어로 paint out(페이트칠하여 덮어버린다) 혹은 blot out(오점 혹은 얼룩을 완전히 지워 없애다)라는 뜻으로 예수님의 피로 사람들의 죄가 드러나지 않게 덮어주는 것이다.

"내가 네 허물을 빽빽한 구름의 사라짐 같이, 네 죄를 안개의 사라짐 같이 도말하였으니 너는 내게로 돌아 오라 내가 너를 구속 하였음이니라." (이사야 44:22)

"나 곧 나는 나를 위하여 네 허물을 도말하는 자니 네 죄를 기억지 아니하리라." (이사야 43:25)

사람들의 죄를 기억하지 않음은 사람들을 위함이 아니요, 공의와 사랑의 하나님 자신의 완전하신 뜻을 이루기 위함입니다. 6일 동안 창조를 마치시고 "보시기에 심히 좋았더라"고 말씀하신 하나님의 기뻐하시고 선하시고 온전하신 뜻을 대제사장의 권세로 오신 예수님을 통하여 구원의 완성을 이루신 것입니다.

⑥ 대제사장과 같은 권세로 살아가는 크리스천의 삶

크리스천이 꼭 붙잡아야 할 궁극적인 푯대는 "구원'입니다. 그러나 "예수 믿고 구원 받으세요"라는 입술로만 외치는 뜬 구름 잡는 구원이 아닙니다. 구원은 사탄에게 붙들림 받은 내안의 생명의 호흡인 지혜와 정신이 죽고, 죽었던 생명의 호흡이 예수 그리스도와 함께 다시 살아남으로 내안에 지혜와 정신이 예수 그리스도의 영인 성령의 다스림 받는 삶이 진정 구원 받은 삶입니다. 그리고 그리스도 영이 하나님을 알게 하고 하나님의 자녀 됨을 깨닫게 하고 그리스도 영을 통하여 하나님과 교제했던 에덴 동산의 축복이 회복되는 은혜를 얻는 것입니다.

이 은혜를 경험하기 위해 예수 그리스도를 믿는 모든 사람들을 하나님의 택한 족속이요, 왕 같은 제사장이요 거룩한 백성이며 하나님의 소유된 백성이라고 약속한 말씀을 굳건히 붙드는 것입니다.

> "오직 너희는 택하신 족속이요 왕 같은 제사장들이요 거룩한 나라요 그의 소유된 백성이니 이는 너희를 어두운데서 불러내어 그의 기이한 빛에 들어가게 하신 자의 아름다운 덕을 선전하게 하려 하심이라." (베전 2:9)

이 믿음의 고백이 왕 같은 거룩한 제사장의 삶으로 변화된 입술과 그리스도 영인 성령님이 믿는 자들의 생명의 호흡의 주인 됨을 믿을 때 크리스천들의 삶은 반드시 변화될 것입니다. 그 변화된 삶속에서 크리스천들은 대제사장과 같은

- 기도의 중보자,
- 예수님을 믿지 못하는 사람들의 중보자,
- 질병의 이름아래 억 눌린 자들을 위한 중보자,
- 욕심과 탐심에 빠진 자들의 중보자
- 낙심된 자들과 절망에 빠진 자들의 중보자,

- 화목케 하는 중보자
- 축복을 간구하는 중보자

로서 하나님의 임재에 나아가는 대제사장과 같은 기름부음 받은 크리스천으로 살아갈 수 있습니다. 이 믿음의 반석위에 예수 그리스도 이름으로 무엇이든지 구하면 예수님이 행한다는 약속을 믿기 바랍니다. 그리고 이 약속을 전하시고 대제사장과 같은 권세로 가족을 위하여 친구를 위하여 사회를 위하여 국가를 위하여 그리스도의 옷 입은 자인 중보자로서 하나님께 간구하기 바랍니다.

이제 그리스도의 권세로 옷 입었습니다.

거듭난 크리스천이 누구입니까? 복음과 하나 된 자입니다. 누가 복음과 하나 될 수 있을까요? 복음을 듣고, 더 알기 위해 복음의 기록을 읽고, 읽은 말씀을 깨닫고, 그리고 그 복음을 믿는 자들에게만 복음이 하나 됩니다. 복음과 진정으로 하나 된 자는 비로소 그리스도의 옷을 입었음을 알게 됩니다. 결국 나의 생명의 호흡의 주인이 예수 그리스도 임을 담대하게 고백하는 자입니다.

왕 같은 권세로 "나는 만군의 여호와의 이름으로 나가노라"라는 다윗의 고백이 자신의 고백되기 바랍니다. 이 고백이 크리스천들의 고백이 될 때 세상풍속을 쫓는 물질 제일주의의 중심이 예수님 중심으로 변화될 것입니다. 또한 말씀에 약속한 이 세상 모든 이름들 중에 뛰어난 이름인 "예수"이름으로 나갈 때, 나 자신 앞에 두렵고 무섭게 서있는 골리앗과 같은 삶의 어려움과 두려움과 걱정과 염려들을 넘어뜨릴 수 있음을 믿기 바랍니다. 크리스천들이 할 수 있는 일은 왕 같은 권세로 앞장서서 예수 그리스도 이름 앞세워 나가는 것입니다. 그 다음은 하나님이 싸우시고 이기시고 새로운 나로 만들어 가실 것입니다.

선지자의 권세로 크리스천들이 발로 밟는 곳마다 "하나님께 돌아가자" "야훼 하나님께 돌아가자"라고 외치기 바랍니다. 그리스도의 대사된 선지자의 권세로 하나님과 화목 할 수 있는 길이 있다는 소식을 전하기 바랍니다. 그 소식이 "복음", 즉 좋은 소식입니다. 이 세상은 갈수록 사람들의 삶의 터전이 이 세상풍속에 있다고 경험시킬 것입니다. 세대가 갈수록 사람들의 경험은 정욕과 탐심으로 더욱 채워질 것입니다. 그러나 그리스도로 오신 예수님의 순종으로 하나님께 돌아갈 수 있는 길이 열리게 됐음을 모든 사람들에게 전해야 합니다. 하나님과 화목하여 살아가는 삶은 축복과 다스림과 보기에 심히 좋은 것으로 가득하기 때문입니다. 죄와 함께 죽었던 나의 생명의 호흡이 그리스도의 영으로 다시 살아나는 길이 있음을 전하고, 그리스도의 영으로 호흡할 때 하나님의 축복이 회복되며 에덴의 축복이 예수 그리스도를 믿는 자들에게 주어질 것을 의심 없이 전하기 바랍니다.

끝으로 대제사장의 권세로 중보자의 입술과 손이 되기 바랍니다. 대제사장은 하나님의 임재 앞에 나가는 자입니다. 나 자신의 죄 뿐 만 아니라 모두의 죄를 가지고 하나님께 나가는 담대함이 있는 사람입니다. 그 담대함이 기름부음 받은 그리스도의 권세 의지하여 하나님께 나아가 중보 하는 대제사장의 입술이 되기 바랍니다. 또한 너무 힘들고 지쳐 넘어져 있는 사람들에게 다가가 손을 얹고 평안과 축복의 기도를 해 줄 수 있는 그리스도의 권세 있는 손이라는 사실도 꼭 기억하기 바랍니다. 살리는 중보의 소리가 전해지고 회복시키는 손이 닿는 곳마다 그리스도의 영이 함께 함을 믿고 나아가십쇼. 그 곳에 반드시 그리스도의 영이 함께 함을 굳건히 믿을 때 그리스도의 영이 일 하십니다.

이러한 그리스도 권세로 옷 입는 자들이 삶의 모든 영역에 퍼져 있을 때 가정과 이웃이 변하고 직장과 사업처가 변하며 나아가 사회와 나라가 변합니다. 그 변화가 나타나는 증거가 "하나님 보시기에 좋았더라"라는 에덴동산의 회복임을 기억하기 바랍니다. 그 중심에 그리스도에 속한 사람들이 있음을 발견하게 될 것입니다.

아멘! 할렐루야!

저자의 간증: "참된 부르심에 대한 참된 응답의 삶"

2000년 2월 10일 캐나다를 출발하여 미국 동부에 위치한 버지니아주 리치몬드시로 운전하여 떠날 계획을 세웠던 기억이 납니다. 2월28일 리치몬드시청 공공사업국(Dept. of Public Works)에 첫 출근하는 일정이 잡혔기 때문에, 미리 가서 아파트 및 여러 가지 일들을 준비하기 위해 적어도 첫 출근 2주전에 미국에 도착해야 여유로울 거라 생각했습니다. 한번 상상해 보기 바랍니다. 동양인이며 영어도 완벽하지 않은 이민 1세로서 미국공무원으로 일 할 수 있다는 생각 자체만으로 세상의 모든 것을 다 얻은 것 같은 느낌이었습니다. 그때 제 지갑에 20불과 신용카드 한 개가 전부였습니다. 그러나 현실적으로는 1100불이 있어야 아파트 입주가 가능하였습니다. 미국은 첫날과 마지막달 두 달의 아파트 월세를 내야 입주가 가능합니다. 매달 월세가 550불이었으니 1100불이 필요했지만, 걱정 근심 없이 그저 미국 공무원이 되었다는 사실에 마냥 기쁘기만 했습니다. 그런데 미국으로 떠나기 전날 제가 출석하는 교회의 담임 목사님으로부터 주일 예배시간에 간증을 하고 떠났으면 하는 부탁을 받았습니다. 저는 순간 갈등하게 되었습니다. 왜냐하면 모든 일정이 이미 정해져 있기 때문에 날짜를 조절하는 것이 쉽지 않았고, 더욱이 주일 예배 때 간증을 한다는 것이 큰 부담이 되기도 했습니다. 그러나 하나님이 하신일 을 침묵하고 떠나는 것이 하나님의 영광을 가린다는 생각에 목사님께 전화하여 주일날 간증을 하겠다고 떨리지만 겸손하고 담대한 마음으로 대답했습니다.

담임 목사님이 간증을 부탁하신 이유가 있습니다. 저의 형편을 너무도 잘 아셨기 때문입니다. 그 당시 캐나다 최고의 공과대학인 워터루 대학에서 석사를 마치고 GIS 전문가 과정까지 마쳤는데 직장을 잡지 못하고 파트타임(part time)으로 식당 설거지 일, 도너스 가게에서 저녁9시부터 새벽 6시까지 일 했던 일, 또한 편의점에서 점원으로 일했던 일 등 생활비를 버는 일이라면 닥치는 대로 일해야 했던 시절이었습니다. 힘든 일을 하면서도 열심히 교회를 섬겼던 동역자로서 목사님께서도 너무 기뻐하시며 "하나님 자랑하고 떠나야"한다고 부탁하신 이유였습니다.

주일 예배순서에 15분정도의 시간을 허락받고 강단에 올랐습니다. 대략 20~30명 정도의 성도가 모여 예배드리는 교회였습니다. 저는 조심스럽게 간증을 시작했는데 40분가량 간증을 이어갔습니다. 간증하는 동안 많은 분들이 눈물을 흘리는 모습을 보면서 하나님이 나를 붙드셨구나! 라는 확신이 들었습니다. 예배가 끝난 후 모든 성도님들이 제 손을 잡아주시며 진심어린 축하를 해주고, 어느 집사님은 20불을 봉투에 넣어주시는 분도 계셨습니다. 그런데 목사님의 어머니(목사님 아버님은 은퇴하신 원로 목사님 이십니다)께서 잠시 저를 불러 봉투하나를 건네주셨습니다. 그 봉투는 한국에서 교회 성도(담임 목사님의 아버지 목사님이 섬겼던 교회)분이 캐나다 갈 때 여비로 쓰라고 준 봉투라고 말하시며 마지막에 이런 말씀을 하셨습니다. “이 돈 봉투의 주인은 따로 있었네요. 우리는 집사님께 전해드리는 심부름을 하는 거네요.”라고 말씀하셨습니다. 저는 너무 놀라서 무슨 말을 해야 할지 몰랐습니다. 그리고 집에 와서 봉투를 열어보니 정확히 1100불이 들어 있었습니다. 너무도 소름끼치고 감격해서 그 자리에서 눈물을 흘렸습니다. 하나님이 나의 형편을 아시고 예비해 놓으셨다는 것을 만지고 눈으로 확인하는 순간이었습니다. 1100불을 선물로 준비하는 사람은 거의 없을 것입니다. 1000불 혹은 1500불이면 충분히 이해 할 수 있는데, 정확히 제가 필요한 1100불이 봉투에 들어 있었습니다. 저는 하나님이 직장을 허락하셨고, 나를 잠시 붙드시고, 준비하신 것을 눈으로 직접 확인하면서 하나님은 살아계시는구나! 라는 고백을 하게 되었습니다.

간혹 인생을 살아가면서 우리가 계획한 일이 더 급하고 소중하다고 느껴질 때, 갑자기 하나님의 일이 우리 앞에 주어질 때가 있습니다. 무엇을 먼저 선택하겠습니까? 무엇을 선택하든 가장 중요한 것은 마음의 중심입니다. 참된 부르심에는 참된 응답이 있습니다. 마음의 중심이 하나님을 향한 참된 감사와 가장 겸손하고 낮아신 마음으로 하나님의 부르심에 순종할 때, 하나님이 일하심을 경험하게 될 것입니다. 먼저 하나님을 향한 진실 된 감사와 하나님의 이름을 높이려는 간절한 마음의 중심을 선택할 때 그리스도인의 사명을 감당할 수 있는 능력을 하나님이 부어주십니다.

인용 문헌

이 책은 아래 여러 성경책을 참고하여 인용하고 비교하면서 저술하였습니다.

1. 개정 NIV 한영해설성경, 대한성서공회, 2019년 4월 15일
2. 한글 킹제임스 성경(KJV)-스토필드 한영주석-밀씀보존학회, 1994년 4월 12일
3. 히브리어 사전 스트롱코드, 개역개정 4판, 2010년 2월 5일
4. 다국어성경, http://www.holybible.or.kr/
5. 히브리어 구약성경, https://www.hebrewoldtestament.com/

히브리어는 22개의 자음만으로 구성되어 있으며 현대 히브리어와 고대 히브리어(상용문자)를 같이 표기하여 뜻을 이해하는데 도움이 되고자 하였습니다. 히브리어는 오른쪽에서 왼쪽으로 읽고 씁니다. 이 책에 히브리어를 표기할 때 자음의 음가는 영어 대문자로 표기하고 모음은 소문자로 표기 했습니다.

예: 야훼(יהוה, YaHWeH)

W+ 창세기에서 복음의 삶으로

2022년 1월 20일 초판 인쇄

2022년 1월 30일 인쇄 발행

저　　자 정구철

발 행 인 송기수

발 행 처 위즈덤플

편 집 처 위즈덤플

인 쇄 처 트윈벨 미디어

신고번호 제 2015-000009 호

I S B N 979-11-89342-36-4(03230)

주　　소 서울 은평구 증산로 15길 69 2층

전　　화 02-976-7898

팩　　스 02-6468-7898

홈페이지 gsintervision.co.kr

E-Mail gsinter7@gmail.com

정 가 15,000원